欧米各國代議法鑑
第一卷・第二卷

シャルボンニヱー著
米田精譯

明治十五年印行
明治十六年印行

歐米各國代議法鑑

第一卷
第二卷

日本立法資料全集　別巻
1438

信山社

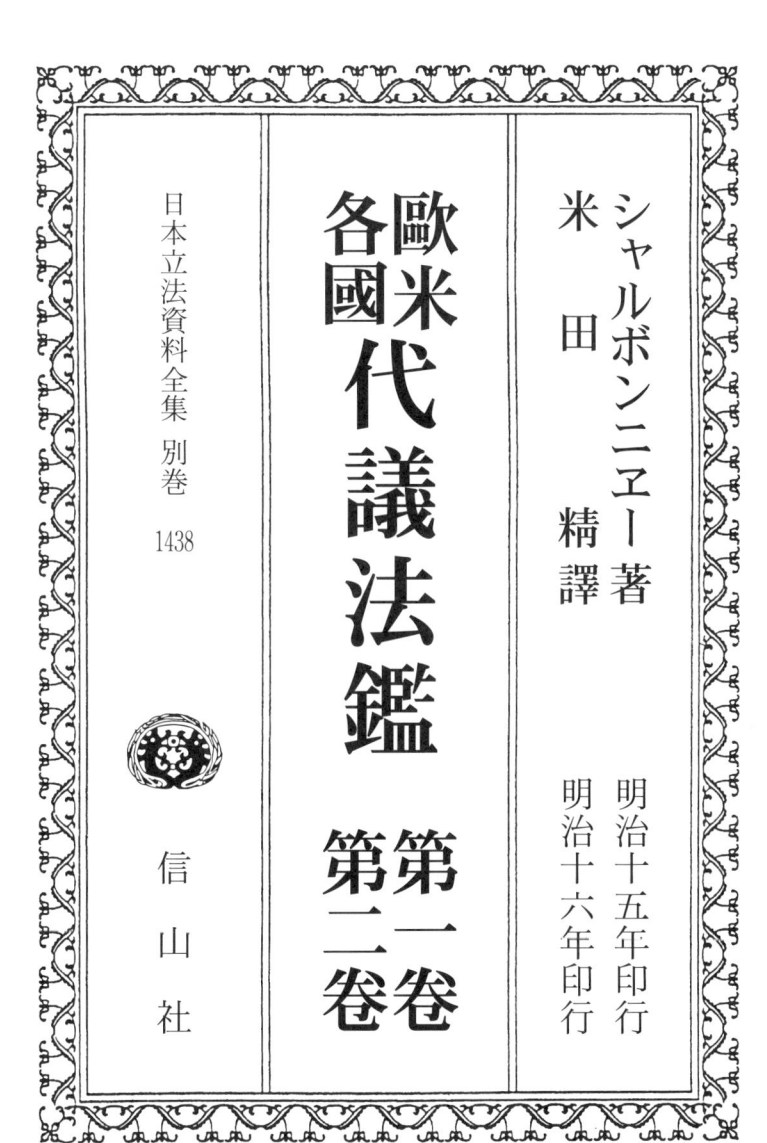

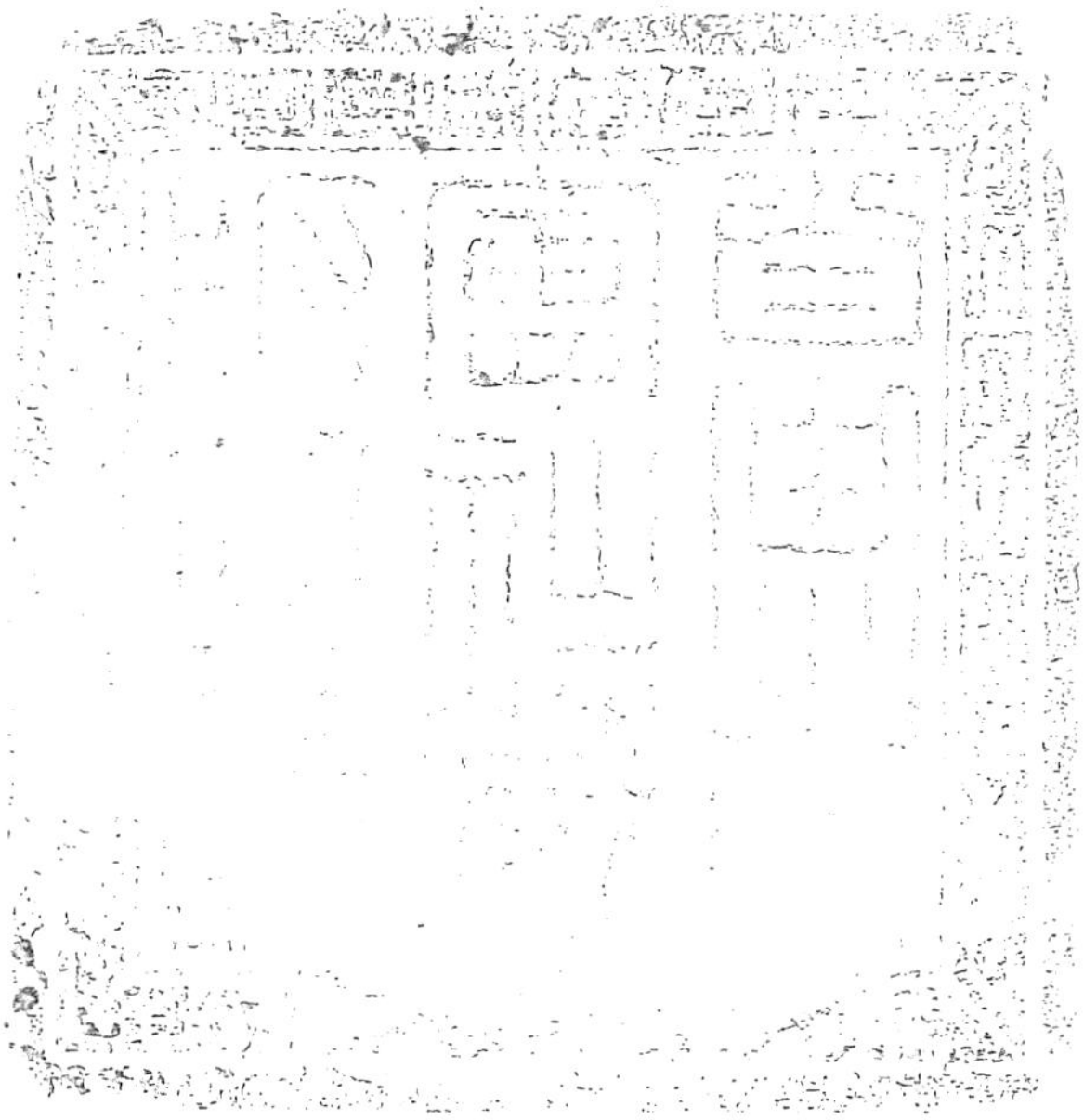

佛國沙爾奔尼著
日本米田精譯

歐米各國代議法鑑 第一卷

明治十五年十月印行

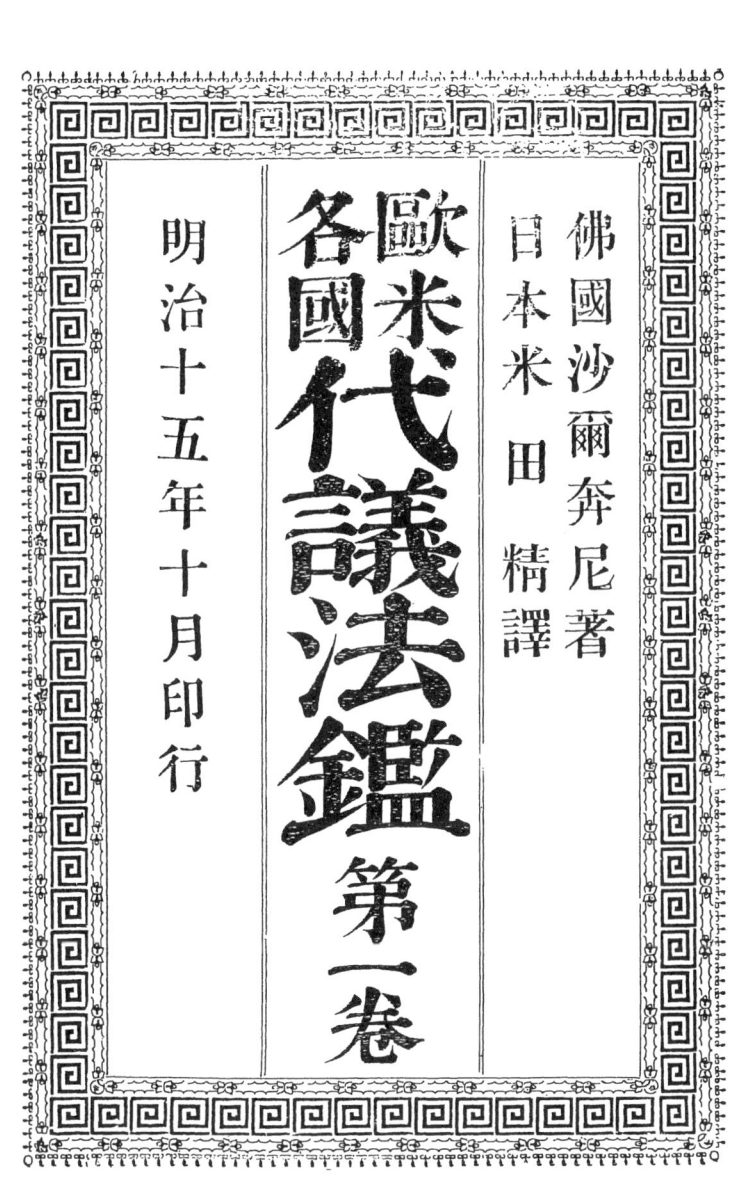

凡例

一原書ハ佛人沙爾奔尼氏ノ著ニシテ千八百七十四年ノ刊行ニ係ルモノナリ

一此書ハ原名「ヲルガニザシヨン、エレクトラール、エー、レプレザンタチーブ、ド、ツウ、レー、ペイー、シビリゼー」ト題シ總テ現今文明各國ノ撰擧及ヒ代議ニ係ル諸制度ヲ網羅敍述セルモノニシテ著者ノ意ハ汎ク各國ノ制度ヲ開列シ以テ講究者ノ參考ニ供スルニ在リ因テ今暫ク譯シテ代議法鑑ト云フ而シテ之レニ冠スルニ歐米各國ノ文字ヲ以テスル者ハ蓋シ原書中歐米二洲諸國ノ制度ノミヲ採譯スルニ係レバナリ

一書中ノ行文簡單ニ過キテ明瞭ヲ欠クモノ往々之レナシ

トセス然トモ專ラ直譯ヲ旨トシ毫モ臆斷修飾ヲ交ヘス而シテ其意ヲ解シ易カラサル所ハ分註ヲ附シテ本文ノ意義ヲ解示シ之レニ〔按〕字ヲ冠シテ原註ト區別ス

一各國ノ貨幣ハ原書ニ於テ嵌註ヲ加ヘ佛貨ニ計算セリト雖モ仍ホ分註ヲ加ヘ我カ正貨ニ改算ス蓋シ看者ノ參考ニ便ナラシメンガ爲メナリ

一諸名稱ハ概ネ世間慣用ノ譯例ニ從フ其譯字ナキモノハ新ニ熟語ヲ用ヒテ之ヲ塡シ或ハ原語ヲ存シテ其意義ヲ註解セリ其妥當ナラサルモノヽ如キハ看者ノ是正ヲ待ツ

一地名人名等モ亦世間慣用ノ符號ヲ附セリ乃チ｜單杜ノ右ニ在ルモノハ氏名、左ニ在ルモノハ一切ノ物名ニシテ‖

雙柱ノ右ニ在ルモノハ地名、左ニ在ルモノハ官職爵位ナリト知ルヘシ

明治十五年十月

譯者誌

歐米各國代議法鑑全卷目録

第一卷

第二卷

第三卷

第四卷

歐米各國代議法鑑全卷目錄終

欧米各國代議法鑑第一卷目錄

歐米各國代議法鑑第一卷

佛國　シヤルボンニエー著
日本　米田精譯

白耳義

○沿革

白耳義ハ多年壓抑ヲ被リタル外國ノ管轄ヲ脫シテヨリ遂ニ自由ヲ得テ千八百三十一年二月七日漸ニ憲法ヲ制定シタル以來屢〻撰擧法ヲ更改シタリ

千八百三十一年三月三日ノ法律ニ於テ撰擧定稅《サンス、エレクトラール》〔按〕撰擧權若クハ被撰擧權ヲ得ルカ爲メニ須要ト定メタル納租ノ額ノ制限ヲ立ルノ主義ニ基イテ撰擧法ヲ設ケタリ其撰擧定稅ノ額ハ千八百四十八年ニ至ルマテハ撰擧區ノ貧富ニ因リテ各〻差異アリシガ此年三月三十一

立法ノ權

法律起草ノ權

議案採ノ制

日ノ法律ニテ之ヲ一定ニ歸シタリ而シテ從來撰擧法ニ數回ノ更改ヲ加ヘタリシガ其最後ノ改正ハ乃チ千八百七十二年ニ係レリ

○立法權

立法權ハ國王、代議士院《シャムブル、デ、レプレゼンタン》及ヒ元老院《セナー》共同シテ之ヲ行フ

○法律ノ制定

法律起草《インシャチーズデ、ロワー》ノ權ハ此立法權ノ三派〔按〕國王、代議士院及元老院ヲ指スニ屬ス然トモ凡テ政府ノ會計豫算若クハ徵兵ノ人員ニ關スル法律ハ先ツ代議士院ニ於テ公評《ボッテー》スルヿヲ要ス

凡テ法律ノ議《プロジエー、ド、ロワー》案ハ逐條公評シタル後ニアラサレハ兩院ノ一ニ於テ採用《アドプテー》スルヿヲ得ス又兩院共ニ之ヲ採用シテ國王之ヲ認可《サンクシヨンチー》シタル後ニアラサレハ乃チ法律ノ力ヲ有スルヿ

ヲ得ス

議案修正ノ權

兩院ハ各〻議案ノ條項及ヒ起議シタル修正案《アマンドマン》ヲ改竄分支スルノ權並ニ探討《アンキート》ヲ行フノ權〔按〕實際ヲ調査スルノ權ヲ有ス

可否決議ノ制

兩院ハ何レモ其議員ノ多數集會シタルニアラサレハ決ヲ取ルヿヲ得ス但決ヲ取ルニハ稀ナル例外憲法第三十八條ヲ除クノ外出席議員ノ過半數ヲ以テシ可否相半ハスル片ハ其起《プロポ》議《ジシヨン》ヲ斥ク

可否表示ノ制

公評《ボツト》ハ名ヲ呼ヒ高聲ヲ擧テ之ヲ行フ但候補人《カンジダー》〔按〕議長副議長書記官等ニ撰ハレントスル者ノ撰擧及ヒ推薦ニ付テハ格別ニシテ此レハ暗《スクリ》投票《ユタン、セクレー》ヲ以テス

兩院ノ議員ハ全國民ノ代理ニシテ獨リ其撰擧セラレタル州若クハ州内局部ノ代理タルニアラス又兩院ノ議員トモ

撰擧權ノ要欵

撰擧權ヲ有スル國民ヨリ直接ニ之ヲ撰擧ス

○撰擧權

撰擧人トナルニハ左ノ條欵ヲ要ス

一出產ニ因テ白耳義人タルコ若クハ大歸化免狀《グランド、ナチユラリザシヨン》ヲ得タルコ

二年齡滿二十一歲以上タルコ千八百七十年三月三十日ノ法律第一條

三職業免許稅ヲ加入シ少クモ二十フロラン〔四十二フラン三十二サンチーム〕〔按〕凡ソ我カ八圓四十六錢四厘ノ撰擧定稅《サンス、エレクトラール》ヲ直稅ニテ納ルヽコ

四法律ニ定ムル無能力《アンカパシテー》ニ毫モ觸レサルコ〔但處刑ニ因テ投撰ノ權ヲ奪ハレタル者、家資分散ヲ公告セラレ若クハ治產ノ禁ヲ言渡サレタル者幷ニ負債ヲ完償スルマ

代議士院議員ノ被撰權ノ要欵

テ財産ヲ債主ニ譲リタル者及ヒ賭博場若クハ遊所ヲ開設スルヿヲ公衆ニ知ラレタル者ヲ法律ニ於テ無能力ト為ス」

○被撰權

被撰權《エリジビリテー》ノ條欵ハ代議士院ニ關スルト元老院ニ關スルトニ因リテ異ナリ

代議士院ノ議員ニ撰ハルヽニハ左ノ條欵ヲ要ス

一出産ニ因テ白耳義人タルヿ若クハ大歸化免狀ヲ得タルヿ

二民權《ドロワー、シビール》及ヒ政權《ドロワー、ポリチック》ヲ享有スルヿ

三年齡滿二十五歳以上タルヿ

四白耳義國ニ本住《ドミシール》テ有スルヿ

但撰擧定税ヲ納ルヘキノ條欵ハ毫モ之ヲ要セス

元老院議員ノ被撰權ノ要欵

元老院ノ議員ニ撰ハルヽニハ左ノ條欵ヲ要ス

一出產ニ因テ白耳義人タルヿ若クハ大歸化免狀ヲ得タルヿ

二民權及ヒ政權ヲ享有スルヿ

三白耳義國ニ本住ヲ有スルヿ

四年齡少クモ四十歳タルヿ

五白耳義國ニ於テ職業免許税ヲ加入シ少クモ直税一千フロラン〔二千百十六フラン四十サンチーム〕〔按〕凡ソ我ガ四百二十三圓二十八錢ヲ納ルヽヿ

直税一千フロランヲ納ルヽ國民ノ名簿ニ掲ル人員人口六千人ニ付キ一人ノ比例ニ達セサル諸州ニ於テハ此比例ニ達スルニ至ルマテ最多額ノ税ヲ納ルヽ者ヲ取リテ之ヲ補

フ
撰擧人若クハ被撰人ハ其姓名ヲ撰擧人名簿《リスト、エレクトラール》ニ登錄セラルヽ年ノ前年間ニ撰擧定稅《サンス、エレクトラール》ヲ納レタルニアラサレハ其納ルヽ所ノ直稅及ヒ職業免許稅ヲ計算セラルヽコヲ得ス〔挾〕登錄セラルヽ年ノ前年間ニ必ス撰擧定稅ノ額ニ滿ツル租稅ヲ納ルヽコヲ要ス然ラサレハ之ヲ計算セス但遺物相續ノ名義ヲ以テ不動產ヲ有スル者ノミハ此條欵ノ限ニアラス

不動產ヲ賣渡シタル塲合ニ於テハ其賣渡シノ公證ヲ得タル日ヨリ以後納ルヘキ租稅ハ買收者ノ爲メニ計算シテ其撰擧定稅ニ充ツ千八百七十一年六月十二日ノ法律

婦ノ納ルヽ租稅ハ夫婦分居《セパラシヨン、ド、コール》ノ塲合ノ外、夫ノ爲メニ之ヲ計算ス千八百七十年三月三十日ノ法律

議員ニ撰ハルヽヲ得サル條欵

議員兼任ノ制禁

諸省長官ノ例外

○兼任ノ制禁

元老院並ニ代議士院議員ノ被撰權ハ撰擧權ニ於ケルト同一ノ無能力《アンパシテー》ニ從ハシム〔按〕撰擧權ヲ得ルノ能力ナキ者ハ仍ホ被撰權ヲ得ルノ能力ナシ撰擧權篇ヲ參看又代議士《レプレザンダン》若クハ元老議員《セナトール》ノ任ト政府ヨリ俸給ヲ與フル官職トハ兼任スルヿヲ得ス其他政府ヨリ酬勞銀《レトリビユシヨン》ヲ受ル說敎僧、官署附屬ノ代言人幷ニ無名會社派出ノ政府ノ理事《コミセール》員モ亦其職務ト代議士若クハ元老議員ノ任トヲ何レカ撰擇セサルヲ得ス但此兼任ノ制禁《アンコンパチビリテー》ハ諸省ノ長官ニハ及ホサヽルモノトス

此他處刑ニ因リ撰擧權ヲ奪ハレタルニアラスシテ特別ノ被撰權ヲ奪ハレタル者モ被撰人タルヿヲ得ス撰擧法第百五十四條

○俸給

議員ノ俸給

代議士ハ會期《セッション》間毎月二百フロラン（四百二十三フラン二十サンチーム）〔按〕凡我カ八十四圓六十四錢ノ手當金《アンダムニテー》ヲ受ク但議院開場ノ都府內ニ住スル者ニハ之ヲ給セス

元老議員ハ俸給幷ニ手當金ヲモ受ルヿナシ

○議員ノ員附

議員配附ノ制

立法兩院ノ議員ヲ各地ニ配附《レパルチル》スルハ十年每ニ行フ王國一般ノ人口調查ヲ以テ其基礎ト為ス議員ハ合名投撰《スクリユタンドリスト》ノ法〔按〕撰擧スベキ人員ヲ合シテ投撰スヲ以テ每郡之ヲ撰擧ス其人員ハ最後即チ

議員ノ定員

千八百六十六年五月七日ノ法律ヲ以テ定メタル所ニテハ代議士院ニ當リテハ百二十四員（人口四万ニ付代議士一員ノ比例）ニシテ元老院ニ當リテハ六十二員（代議士員ノ半數）トス

議員ノ任期

○任期

代議士院議員ノ任期ハ四ヶ年ニシテ二年毎ニ半數ヲ更迭ス

元老院議員ノ任期ハ八ヶ年ニシテ四年毎ニ半數ヲ更迭ス

議院職員ノ撰擧

○職員

兩院ハ各〻每回會期ニ於テ議員ノ暗投票ヲ以テ會期間議長、副議長及ヒ局員〔按〕書記官等ヲ指スヲ撰擧ス

撰擧人名簿ノ調製

○撰擧人名簿

撰擧人名簿《リフト、エレクトラール》ハ諸邑ニ於テ之ヲ調製シ而シテ毎年邑長《ブールグメストル》及ヒ邑長副《エシエバン》ノ會合ニ於テ之ヲ改正ス此名簿ハ永久保存スルモノトス但各人之ヲ寫シ取ルヿヲ得且ツ之ニ關シテ自己ノ請求《レクラマシヨン》ヲ州會ノ委員ニ出シ次ニ控訴院ニ出シ最後ニ大審院

ニ出シテ終審裁判ヲ受ルヿヲ得撰擧法第二章第三章第四章

○撰擧

撰擧人ハ各行政區《ジストリクト、アドミニストラチフ》ノ首地ニ於テ最上限四百員千八百七十一年六月十二日ノ法律ノ總會ヲ以テ集會シ若シ此人員ヲ超過スル片ハ少クモ二百員ノ部會ヲ以テ集會シテ撰擧ヲ行フ其事務局ノ上席ハ裁判所長若クハ治安裁判官ニ屬ス撿査役《スクリユダトール》ノ職務ハ抽籤ヲ以テ指定シタル邑會議員之ヲ行ヒ書記ハ出席撰擧人ノ中ヨリ之ヲ撰任ス

總テ投撰ノ票牌ハ石版刷タルヿヲ要ス撰擧法第九十五條

撰擧人名簿ニ照シテ撰擧人ノ名ヲ點呼シタル後ニ各投票者ノ姓名ヲ二個ノ名簿ニ登錄スルヿヲ罷メ而シテ初メニ出席セサリシ撰擧人ノ名ヲ再ヒ點呼シタル後ニ投票ヲ閉

鎖ス

○再投票

撰擧スヘキ代議士悉ク第一回ノ投票ニ於テ過半數ヲ得サリシトキハ票牌ノ多數ヲ得タル候補人ノ人員ヲ撰擧スヘキ代議士ノ人員ノ倍數ニ陞シ其候補人ノ内ニテ再投票《バロタージュ》ヲ為ス

再投票ハ第一回投票ノ結果ヲ公告シタル後一時間ヲ經テ之ヲ始ム若シ三月一日ヨリ九月一日マテハ午後五時前其他ノ月ハ午後三時前ニ之ヲ始ムルコトヲ得サルトキハ國王ノ召集布令ヲ以テ定メタル時日ニ於テ更ニ撰擧人ヲ召集シテ之ヲ行フ

其召集布令ニハ何レノ場合ヲ問ハス元老議員一員ノ撰擧

補欠議員ノ撰擧

議院ノ會期

ニ參與スル所ノ諸郡ニ就テ再投票ノ時日ヲ定ム千八百七十一年六月十二日ノ法律

○一部ノ撰擧

代議士院若クハ元老院ノ議員ニ欠員アル場合ニ於テハ一ケ月內ニ撰擧會ヲ召集シテ〔按〕撰擧人ヲ召集シテ撰擧會ヲ開クノ義ナリ以下之レニ倣フ其補欠ノ撰擧ヲ爲サシム

○會期

兩院ハ每年九月第二火曜日ニ於テ通常會期《セッシヨン、ヲルジナール》ヲ開キ又國王之ヲ召集スル每ニ臨時會期《セッシヨン、エキストラヲルジナール》ヲ開ク通常會期ニ方リテハ每年少クモ四十日間集會スルヿヲ要ス兩院各〻別ニ開會スト雖モ一院ノ會期時間外ニ於テ他ノ一院集會スルヿヲ得ス

兩院ノ會議《セアンス》ハ公行トス然モ兩院各〻其議長若クハ議員十

法律ノ布告
會期ノ延期
議院ノ解散

員ノ請求ニ因リ秘密會議《コミテー、セクレー》ヲ開クヿヲ得

○法律ノ布告、議院ノ解散延期

上文ニ於テ之ヲ見ルカ如ク國王ハ法律ヲ認可スルノ權及ヒ兩院ヲ召集シテ臨時會ヲ開クノ權ヲ有スルモノニシテ又法律ヲ布告スルノ任アリ其他國王ハ兩院ノ集會ヲ延期スルノ權アリ然𪜈其延期ハ一ケ月ヲ超ユヘカラス且ツ議院ノ承諾ナクンハ同一ノ會期ニ於テ之ヲ再ビスルヿヲ得ス幷ニ國王ハ同時ニ解散スルト各別ニ解散スルトヲ問ハス兩院ヲ解散スルノ權アリ然𪜈必ス四十日以內ニ撰擧人ヲ召集シ二ケ月以內ニ兩院ヲ召集スル〔按〕議員ヲ召集シテ兩院ヲ開クノ義ナリ國會ヲ召集ストアルモ亦同シ以下之レニ傚フヿヲ要ス

○憲法ノ改正

憲法改正ノ制

立法權ニ於テ憲法ノ條項ヲ改正スヘキヿヲ宣告スルトキハ兩院ヲ解散シ而シテ四十日以内ニ新ニ兩院ノ議員ヲ撰擧セシム其兩院ハ二ケ月以内ニ集會シテ國王ト共ニ改正《レビジヨン》ニ附シタル條項ヲ議定ス

此場合ニ於テハ其兩院ハ之ヲ組織スル議員ノ三分ノ二出席スルニアラサレハ議事ヲ開クヿヲ得ス又如何ナル修正ト雖モ可トスル投票少クモ全投票ノ三分ノ二ヲ占ムルニアラサレハ之ヲ採用スルヿヲ得ス

之ヲ概言スルニ撰擧法ニ於テ白耳義法制ノ著シキ差別ハ撰擧人及ヒ被撰人〔按〕元老議員ニ撰ハルヽ者共ニ撰擧定税ヲ納ルヘキノ制限是レナリ

丁抹

○沿革

丁抹ハ最モ屢〻憲法ノ制度ヲ更改シタル諸國中ノ一ニ居レリ抑〻此王國ノ建國時代タル第十三世紀ヨリシテ千六百六十年ニ至ルマテハ人民國王ヲ撰立スルノ政體ニシテ乃チ特權アル種族《ヂルドル、ブリビレジエー》ヨリ人民ニ代リテ國王ヲ撰立セリ而シテ國王ハ王位ニ即クノ前豫シメ人民ニ向テ約束ヲ爲サヽルヲ得サリキ是レ大ニ國王ノ威權ヲ制限セシモノナリ

千六百六十五年九月十四日ノ革命ニ因テ此情態ヲ一新シ世襲王祚ノ制ヲ立テヽ以テ貴族ノ政事上ノ特權ヲ剝奪シタリ

憲法ニ於テ初メテ代議ノ制度《アンスチチユシヨン、レプレザンタチーブ》ヲ定メタルハ千八百三十一年ニアリ此年五月二十八日ノ王勅ヲ以テ國王非德黎《フレデリック》第六

世初メテ州會《エターヽフロバンシアール》ヲ設ケ之ニ民事《シビール》及ヒ行政《アドミニストラチーフ》上ノ事件ノミニ限レル商議ノ權ヲ授ケタリ

此州會開設ノ准許《コンセッシヨン》ハ千八百四十八年ニ至リテ人民ノ滿足セサル所トナリシヲ以テ非德黎第七世ハ特ニ召集シタル議會ト協議シテ大ニ擴張セル甚タ自由ナル所ノ制度ヲ定メテ國内ニ施シ以テ其臨御ノ大禮ヲ行ヒタリ此制度ハ載セテ千八百四十九年六月五日ノ建國法《ロソー、ホンタマンタール》ニアリ

當時スレスウヰグ及ビホルステンノ二公領ニ於テ日耳曼ヨリ煽動シタル反逆ノ起レルヲ以テ直チニ此法ヲ丁抹王國ノ全部ニ施行スルヿヲ得サリキ非德黎第七世ハ夫ノ諸大國ガ丁抹王國ノ全部ヲ認メテ保固セシ所ノ千八百五十二年五月八日ノ倫敦府ノ條約幷ニ丁抹全王國ノ王位繼承ノ

順序ヲ規定セシ千八百五十三年七月三十一日ノ法律ニ因リ惹起シタル日耳曼ノ嫌疑ヲ和ケントノ希望ヲ以テスレスウ井グニ向テハ千八百五十四年二月十五日ホルステンニ向テハ同年六月十一日ニ特別ノ州憲ヲ布告シタリ

其後數月ヲ經テ又此諸憲法ヲ合シテ全王國ニ共通スル一憲法ト爲シ永ク商議ヲ盡シタルノ後チ千八百五十五年十月二日ニ之ヲ布告シタリシガ普國ノ陰謀熄マスシテフランクホールノ議院ヨリ此憲法ヲ日耳曼聯邦ニ加ハリシホルステン及ヒローアンブルグニ施行スルヿヲ禁シタルヲ以テ丁抹政府ハ已ムヲ得ス千八百五十八年九月ニ於テ千八百五十五年十月二日ノ憲法ノ範圍內ヨリ此二州ヲ除キタリ

立法ノ權

其後又新ニ一般ノ憲法草案ヲ作リテ之ヲ施行ニ付シタリシガ是レカ爲メ戰端ヲ開クノ辭柄トナリテ其戰爭ノ極遂ニ丁抹國ノ一部ヲ割クニ至リタリ此ノ如ク强奪ノ所爲ニ遭ヒシヲ以テ向後丁抹國ハ二種ノ憲法即チ一ハ一般ノ憲法ト一ハ一州ノ憲法トヲ保有スルノ故ナカリキ此改革其他事態ノ新マリタルニ出テタル許多ノ改革ヲ以テ現今丁抹國公法ノ基礎タル千八百六十六年七月二十八日ノ建國ノ目的ト爲シタリ

○立法權

千八百六十六年七月二十八日ノ建國法《ロリー、ホメグマンダール》ノ明文ニ據レハ立法權ハ國王及ヒ國會《リグスダグ》共同シテ之ヲ行フ國會《リグスダグ》ハ下院《フヲルケヂン》及ヒ上《ラン》院《ツラン》ノ二院ヲ以テ之ヲ構成ス

○法律ノ制定

法律起草ノ權ハ國王及ヒ國會ノ兩院ニ屬シ共ニ差別アルヿナシ但會計法律《ロワー、ド、ヒナンス》ノ議案及ヒ增補ノ定額金《クレジー、スツプレャンテール》ニ至テハ先ツ下院ニ於テ議スルヿヲ要ス
國會ノ決議ニ法律ノ力ヲ與フルニハ國王ノ許可アルヿヲ要ス其他國王ハ法律ヲ布告シ及ヒ其施行ヲ監察スルノ權アリ加之國會ノ閉會中ニシテ事ノ急ヲ要スル場合ニ於テハ假リノ法律ヲ布令スルヿヲ得但其法律ハ必ス次回ノ會期ニ於テ兩院ノ議ニ付スヘキナリ

○會期

每年十月第一月曜日ニ於テ國王ヨリ國會ヲ召集シテ通常會ヲ開ク若シ國王ヨリ召集ナキトキハ國會自カラ此日ニ於

テ集會ス然圧國王ノ許可ナクシテ二ケ月以上集會スルヿヲ得ス

會期ノ延期

國王ハ集會ノ時間ヲ定メテ國會ヲ召集シ臨時會ヲ開クヿヲ得又國王ハ期限ヲ確定シテ通常會期ヲ延期スルヿヲ得然圧其延期ハ國會ノ承諾ナクシテ二ケ月以上ニ及ボスヿヲ得ス且ツ二回ノ通常會期間ニ於テ一度ヨリ多ク延期スルヿヲ得ス

國會ノ解散

又國王ハ全國會或ハ之ヲ構成スル兩院中ノ一院ヲ解散スルノ權ヲ有ス兩院中ノ一院ヲ解散スル場合ニ於テハ更ニ全國會ノ集會スルヲ得ルニ至ルマテ他ノ一院ノ會議ヲ延ハスヿヲ要ス但此場合ニ於テハ其解散後二ケ月內ニ必ス全國會ノ集會スルヲ得ルニ至ラシムルヿヲ要ス

何レノ場合ト雖モ兩院中一院ノ會期時間外ニ於テ他ノ一院集會スルヿヲ得ス

議員ノ手當金

○手當金

兩院ノ議員ハ法律ニ定ムル日當ヲ受ク其額ハ下院上院共ニ同一トス

議院職員ノ撰擧

○職員

兩院ハ各〻其議長及ヒ諸職員ヲ撰任シ幷ニ其內規ヲ制定ス　建國法第五十三條

兩院ノ聯合會

○聯合會議

或ル場合ニ於テハ下院及ヒ上院ヲ合シテ會議ヲ開クヿアリ之ヲ稱シテ聯合國會《リジスダグ、レユニー》ト云フ此議會ニ於テハ兩院議員ノ半數以上出席シテ公評《ボツト》ニ參與スルニアラサレハ決ヲ擧ル

下院ノ組織

下院議員ノ撰擧權ノ要欵

ヿヲ得ス但聯合國會ハ更ニ其議長ヲ撰任シ及ヒ其內規ヲ制定ス

○下院

下院《フナルケジン》ハ一般投撰ノ法〔按〕一般ニ投撰セシムルノ法無能力者ヲ除クノ外國人ヲ以テ各自直接ニ撰擧シタル代議士ヨリ成ル

○撰擧權

下院議員ノ撰擧權ハ品行端正ニシテ國民權《ドロワー、ダンシゼナー》ヲ有シ且ツ左ノ條欵ヲ具備スル者ニ屬ス

一年齡滿三十歲以上タルヿ

二撰擧ノ時ニ方リテ自己ノ住スル所ノ撰擧區內ニ一ケ年以上住居スルヿ

三隨意ニ自已ノ財產ヲ使用スルノ權ヲ有スルヿ

○無能力

左ニ列記スル所ノ者ハ投撰ノ權ナシ

一自己ノ居宅ヲ有セスシテ人ニ雇役セラルヽ者

二公共ノ賑恤上《アツシスタンヽ、ピユブリツク》ヨリ救助金ヲ受ケ又ハ曾テ救助金ヲ受ケテ其償却ヲ免カレサルカ若クハ自カラ償却セサル者

三家資分散人及ヒ重輕罪ノ刑事ニ於テ罰料ニ處セラレタル者

○被撰權

下院議員ノ被撰權ノ條款ハ其撰擧權ニ於ケルト同一ニ從ハシム然圧年齡及ヒ住所ニ關シテハ格別ニシテ年齡ハ二十五歲以上ト定メ住所ノ條款ハ決シテ之ヲ要セス

下院議員ノ任期

撰擧ノ法

○任期

下院議員ノ任期ハ三ケ年ニシテ人口凡ソ一万六千人ニ付キ一員ノ比例ヲ以テ之ヲ撰擧ス現今議員ノ人員ハ百二員ニ陞レリ

其撰擧ハ毎撰擧區ニ於テ之ヲ爲シ其區畫ハ法律ヲ以テ之ヲ定メ毎區代議士一員ツヽヲ撰擧セシム

○撰擧

撰擧ノ日ハ王勅ヲ以テ之ヲ定ム但其日ハ丁抹全國ノ各撰擧區ニ就テ皆同一トス

撰擧ハ各撰擧區ニ於テ地方官ノ斡旋ヲ以テ公ケニ之ヲ爲ス集會シタル撰擧人ハ投票ヲ用ヒス高聲ヲ擧ケ喝采《アツクラマシヨン》ヲ以テ撰擧ス若シ其決定ニ於テ疑ハシキ所アルトキハ公ケノ投

上院ノ組織

特任議員ノ條欵

票ヲ行フ

○上院

上院《ランツヂン》ハ代議士六十六員ヨリ成ル其中十二員ハ國王ヨリ之ヲ特任シ七名ハコペンハーグ（按丁抹ノ大都府）ヨリ四十五名ハ都會村落ヲ包含セル諸大撰擧區《ジランヽセルクル、エレクトロツ》ヨリ一名ハボルンホルム島ヨリ又一名ハファロエ島ノ民撰議會《ラグヂン》ヨリ之ヲ撰擧ス

○特任ノ議員

國王ノ特任スヘキ上院ノ議員ハ會テ丁抹國ノ議會ニ撰ハレタル者ノ中ヨリ之ヲ任ス此議員ハ終身其職ニ任ス然ﾄﾓ各〻其職ヲ辭スルノ權ヲ有ス又被撰權ヲ失ヒタルﾄｷハ上院ノ員タルヿヲ罷ム

○撰擧ノ議員

撰擧議員ノ條款

人民ノ撰擧ニ係ル上院ノ議員ハ任期八年ニシテ四年毎ニ半數ヲ更撰スファロエ島ノ民撰議會《ラグヂン》ヨリ撰任スル者ヲ除クノ外總テ此議員ハ重複投撰《スクリユタン、ア、ツー、ドグレー》ノ法〔按〕初級撰擧人ヨリ上級撰擧人ヲ撰擧シ上級撰擧人ヨリ議員ヲ撰擧スルノ法ヲ以テ之ヲ撰擧ス

上院議員ノ被撰權

○被撰權

上院議員ノ被撰權ノ條款ハ候補人《カンジダー》其撰擧區內ニ於テ撰擧ノ前年間ニ住所ヲ有シタルヿヲ要スルノ外總テ下院議員ノ被撰權ノ條款ト同一トス

上院議員撰擧ノ法

○撰擧

何人ト雖モ下院議員ノ撰擧權ニ付テ要スル條款ヲ具備スルニアラサレハ直接ト間接トヲ問ハス上院議員ノ撰擧ニ參與スルヿヲ得ス然𬼂其撰擧人ハ撰擧ノ前年間ニ撰擧區

内ノ一地方ニ住居セシヲ以テ足レリ

コペンハーグニ於テハ集會シタル撰擧人ノ全部ヨリ初級《エレクトゥ》撰擧人《ル、プリメール》百二十八ニ付キ上級撰擧人《エレクトゥル、スコンデール》一人ノ比例(但六十八以上ノ過剩ハ百二十八トシテ計算ス)ヲ以テ上級撰擧人ヲ撰任シ又前年間ニ二千リクスダレル(五千六百フラン)[按]凡ソ我カ千百二十圓ノ課稅スヘキ入額ヲ有シタル初級撰擧人ヨリモ之ト同數ノ上級撰擧人ヲ撰任シ而シテ此二種ノ上級撰擧人共ニ集會シテ上院議員ノ撰擧ヲ行フ

又諸大撰擧區《グランセルクル、エレクトロツ》ニ於テハ上級撰擧人ヲ撰任スルノ方法ハ村《カム》落《バンギユ》ニ關スルト都會《ビーユ》ニ關スルトニ因テ異ナリ村落ニ於テハ集會シタル總テノ初級撰擧人ヨリ撰擧區內ノ一邑每ニ上級撰擧人一人ヲ撰擧ス

各撰擧區内ノ諸都會一同ヨリハ村落ノ諸邑ヨリ撰ブ上級撰擧人ノ半數〔但其數奇數ナル片ハ一人ヲ增加ス〕ニ均シキ上級撰擧人ヲ撰任ス

各都會ニ於テ此上級撰擧人ノ內半數ハ總テノ初級撰擧人ヨリ之ヲ撰擧シ半數ハ初級撰擧人ノ中ニテ前年間ニ少クモ一千リクスダレル〔二千八百フラン〕〔按〕凡ソ我カ五百六十圓ノ課税スヘキ入額ヲ有シ若クハ少クモ七十五リクスダレル〔按〕凡ソ我カ三十九圓七十五錢ノ國税及ヒ邑税ヲ納レタル者ヨリ之ヲ撰擧ス

都會ニ住スル初級撰擧人ノ人員ニ比例シテ上級撰擧人ノ總員ヲ各都會ニ配附スルコハ上院議員ノ撰擧ヲ行フ每ニ政府ヨリ之ヲ定ム但各都會ヨリ少クモ各種ノ上級撰擧人〔按〕總テノ初級撰擧人ヨリ撰ミタル者ト富裕ナル初級撰擧人ヨリ撰ミタル者ヲ云フ一人宛ヲ撰擧ス

ヘキ方法ヲ以テス各撰擧區ニ於テ此二類ノ上級撰擧人〔按〕都會及ヒ村落ノ上級撰擧人ヘ前年間最多額ノ國税及ヒ邑税ヲ納レタル村落ノ初級撰擧人區内邑ノ數ニ均シキ人員ヲ加ヘ然ル後此三類ノ撰擧人共同シテ本區ヨリ出スヘキ上院議員ノ撰擧ヲ行フ此結局ノ撰擧ハ英國ノ碩學ジヨン、スチユアール、ミル氏ノ賛成シタル法ニ從ヒ少數ノ代理ニ便宜ナル比例方法《フチルチルツタルワルグ》ヲ用ヒテ之ヲ為ス

○兼任ノ制禁

立法官ノ任ト諸官職トヲ兼任スヘカラサルノ制禁ナシ總テ官吏ハ議員ニ撰ハルヽコヲ得且ツ是レカ為メ政府ノ允許ヲ得ルニ及ハス

俸給アル宮職ニ就キタル國會議員ノ更ニ撰舉ヲ受クヘキ場合ハ別段ノ法律ヲ以テ之ヲ定ム

總テ候補人ハ撰舉人ノ敎令ニ係ル委任ヲ承諾スルヿヲ禁ス

以上記述シタル案據《ランセイ》ノ外尚一事ヲ附言センニ丁抹國ノ撰擧ハ自由ト誠實トヲ保固スルノ法全ク備ハリテ最モ完全ナリトス

○愛撒倫

愛撒倫《アイスランド》ヲ丁抹國ニ合併シタルノ千年祭ニ當レル千八百七十四年三月ニ於テ此古キ丁抹ノ藩屬地ニ特別ノ憲法ヲ准許シ其議院《アルヂン》ニ立法及ヒ行政ノ全權ヲ任シタリ

西班牙

○沿革

今日西班牙ノ憲法ヲ講究スルハ往事ヲ說ク利益ノ外毫モ益ナキナリ何トナレハ夫ノ暴ニ國會ヲ解散シタルノ後遂ニ大權ヲ大將セラノウー氏ノ手裡ニ歸シタル大變革ニ因リ西班牙國ヲシテ全ク憲法ノ功用《ハタラキ》ヲ失ハシメタルヲ以テナリ然リト雖モ毫モ新ニ條則ヲ設ケテ憲法ヲ更改セシヿナク且ツ近日國會ヲ組織スルニ付テハ察スルニ必ス從來ノ憲法ヲ以テ其組織ヲ規定スヘキカ故ニ千八百六十九年ノ憲法並ニ千八百七十年六月三日及ヒ二十八日ニ議決シタル撰擧法ヨリ出ル所ノ撰擧ノ制度ヲ以テ現今西班牙ニ行ハルヽモノト看做スヲ得ヘキナリ

元老院ノ組織

元老議員ノ被撰權ノ要款

○立法權

國會《コルテース》ト總稱スル國民ノ議會ハ元老《セナー》院及ヒ代議士《コンシレー》院ノ兩院ヲ以テ成ル〔按〕立法權ノ篇ニ於テ單ニ國會ノ組織ヲ述ルハ妥當ナラサルカ如シト雖𪜈暫ク原文ニ從フ

○元老院

元老院《セナー》ハ每州四員ノ比例ヲ以テ撰舉シタル議員ヨリ成ル

○被撰權

元老議員トナルニハ左ノ條款ヲ具備ナルヿヲ要ス

一西班牙人タルヿ

二年齡四十歲以上タルヿ

三總テノ民權ヲ享有スルヿ

四立法議院中ノ一院ノ議長、二回國會ニ撰ハレタル元老議員若クハ代議士、執政官《ミニストル》、參議官《コンセイエーデター》、大教長《アルシユヴエク》、教長《エヴエク》、西班牙國ノ貴族、陸海軍ノ大將若クハ中將、特命全權大使《アンバツサドツール》、全權公《ミニストル、プ》使《レニポタンシエール》、上等裁判所ノ長若クハ撿事《フイスカル》等ノ職務ヲ曾テ勤メ若クハ現ニ勤ムルヿ

五 前項ニ掲載シタル條款ノ一ヲ欠クニ於テハ各州ニ於テ地税ノ最多額ヲ納ルヽ五十人中ノ一人若クハ職業免許税ノ最多額ヲ納ルヽ二十人中ノ一人タルヲ以テ足レリトス

○撰擧

元老議員撰擧ノ法

元老議員ハ各州ニ於テ州會ノ議員ト各邑ヨリ撰任シタル委員トニテ毎州各別ニ之ヲ撰擧ス此委員ハ一般投撰ノ法ヲ以テ撰任シ其人員ハ該委員ノ屬スル邑ノ邑會議員ノ六分一ニ均シ但此上級撰擧人ニ付テハ毫モ別段ノ條款ヲ要

セス唯本邑ニ於テ撰擧ノ權ヲ有スルヲ以テ足レリトス

元老議員ノ任期

○任期

元老議員ノ任期ハ十二ケ年ニシテ三年毎ニ四分ノ一ヲ更撰ス

代議士院ノ組織

○代議士院

代議士院《コンシグレー》ハ人口四万人ノ撰擧區毎ニ一員ノ比例ニテ一般投撰ノ法ヲ以テ撰擧シタル代議士ヨリ成ル

毎州人口四万人毎ニ一撰擧區ト爲シ其人口ニ應シテ若干ノ撰擧區ニ分ツ但二万人以上ノ零數毎ニ代議士一員ヲ撰出スルノ權アリ

代議士ノ被撰權

○被撰權、撰擧權

代議士院議員ノ被撰權ハ毫モ別段ノ條款ナシ唯撰擧權ヲ有スルヲ以テ足レリ

代議士ノ撰擧權

總テ年齡二十五歲以上ニシテ民權ヲ享有スル西班牙人ハ皆撰擧權ヲ有ス

撰擧權ヲ失フ條款

○無能力

左ニ列記スル所ノ者ハ撰擧ノ能力ナシ

一政權ヲ奪ハレタル者

二重罪事件ノ未決囚

三施體若クハ懲治ノ刑ニ處セラレ復權ヲ得サル者

四公廨《エタブリッスマン、ピユブリツク》ヨリ救助セラレ若クハ邑廳ヨリ大道ニテ乞丐ヲ爲スノ允許ヲ受ケタル貧民

撰擧人名簿ノ調製

○撰擧人名簿

撰擧人名簿ハ邑廳ノ斡旋ヲ以テ調製ス之レニ關スル請求ハ初審ニハ邑會ニ出シ控訴ニハ州ノ常置委員《コミツシヨン、プロバンシヤール》ニ出シ該委

代議士撰擧ノ法

議員兼任ノ制禁

員其終審裁判ヲ爲ス
邑官ハ撰擧毎ニ別段ノ割符薄《レジストル、ア、スツシュ》ヨリ撰擧人ノ名票ヲ切取シ
之ヲ各撰擧人ニ分配ス

○撰擧

撰擧モ亦邑廳ノ指揮監察ヲ受ケテ之ヲ爲ス各撰擧人ハ自
己ノ名票ヲ出示シタル上ニテ人ノ讀ミ得サル樣折リタル
印刷若クハ手書ノ票牌〔投〕即チ被撰人ノ姓ヲ投票函ニ投入
名ヲ記シタル投票
スルヿヲ得

○兼任ノ制禁

元老議員若クハ代議士ノ任ハ左ノ部類中ノ諸人ニ之ヲ授
ルヿヲ得ス

一政府ヨリ任命セラレ政府ノ會計豫算書中ヨリ俸給ヲ

受ル諸官吏但シ其議員トナルヲ得ヘカラサル禁ハ辭職若クハ免職ノ後三ケ月間尚ホ存ス

二大藏省ヨリ拂ヲ受ル工業《トラボウ》及ヒ公務《セルビス、ピユブリツク》ノ請負人幷ニ其保證人

三租税領收人及ヒ其保證人

四政府ノ負債者及ヒ其保證人

立法官ノ任ト邑會議員若クハ州會議員ノ職務トノ間ニ於テモ亦同シク兼任スルヿヲ得ス

兼任制禁ノ例外

之ニ代フルニ法律ニ於テ許多ノ官職ニ付キ前項兼任スヘカラサル制禁ノ例外ヲ設ケリ即チ左ニ掲ル者ハ議員トナルヿヲ得

一執政官

二馬德里府《マドリッド》ニ寄留スル將官
三馬德里府ニ寄留シ一万二千五百ペスター（一万三千百二十五フラン）〔按〕凡ソ我カ二千六百二十五圓以上ノ年俸ヲ受ル上等官吏
四馬德里府ノ大法院《シートヽハイル、ド、ジユスチス》ノ院長及ヒ副長
五中央大學校ノ校長及ヒ上等教師
六馬德里府ニ住シ少クモ二年以上其職ニ任スル土木一等檢查官及ヒ土木工長
然𪜈右ノ部類ニ屬スル代議士ノ人員ハ四十員ヲ超ユルヿヲ得ス

○會期

國會ハ每年二月一日前ニ之ヲ召集シ而シテ其構成ノ日ヨ

兩院ノ職權

撰擧上ノ罰則

リ少クモ四ケ月間集會スルヿヲ要ス

○分限ノ審査

兩院ハ各〻自カラ其議員ノ分限《プーボワール》ヲ審査ス

○職權

兩院共ニ同等ノ權ヲ有ス然𪜈租税、國債及ヒ徴兵ニ關スル議案ハ總テ代議士院ニ於テ先ツ之ヲ議スルヿヲ要ス

○罰則

此他西班牙ニ於テ特ニ屢〻生スル所ノ撰擧上ノ詐僞ニ關スル罰則ヲ記述スヘキナリ

撰擧上ニ於テ詐僞ノ罪ヲ犯シタル者ハ最上限ノ禁錮及ヒ五百ペスター以上五千ペスター以下〔五百二十五フラン以上五千二百五十フラン以下〕〔按〕凡ソ我カ百二十五圓以上千五百圓以下ノ罰金ニ

處シ仍ホ政權ヲ失ハシメ及ヒ總テノ官職ニ就クヲ禁ス
直接ニ暴行若クハ脅迫ヲ爲シタル者ハ禁錮及ヒ二百五十ペスター以上二千五百ペスター以下〔二百六十二フラン五十サンチーム以上二千六百二十五フラン以下〕〔按凡ソ我カ五十二圓五十錢以上五百二十五圓以下ノ罰金ニ處シ仍ホ一時政權ヲ失ハシム
間接ニ脅迫ヲ爲シタル者ハ同上ノ罰金及ヒ更ニ輕キ禁錮ニ處ス
撰擧ニ干渉シタル罪アル官吏幷ニ騷擾若クハ暴行ヲ幇助シタル者ニ至リテハ特別ノ罰ニ處セリ蓋シ方今既ニ實施スルヿナク且ツ將來トテモ恐ラクハ施行スルヿナカルヘキ法制〔按即チ西班牙法制ヲ指ス〕ノ一班ヲ敍述スルニ方テ此罰ノ詳細ヲ擧ルハ無益ニ屬スヘキヲ以テ暫ク之ヲ措ク

千七百九十一年ノ憲法

佛蘭西

○沿革

適當ニ之ヲ開陳スレハ佛國ニ於テ代議公會《アッサンブレー、レプレザンタチーブ》ヲ開設シテ其機關ノ正シク運轉スルニ至リタルハ千七百八十九年ノ革命ヨリ始マレリ抑〻我カ佛國ニ於テ初メテ精確ナル基礎ニ本ツキ全國一定ノ撰擧法ヲ設ケタルハ實ニ立憲議會《アッサンブレー、コンスチチユアント》ニ於テ議決シタル千七百九十一年ノ憲法ニアリ

千七百八十九年ノ三族公會《エター、ジエネロー》〔按〕貴族、僧侶平民ノ三族ヲ以テ組織セシ者ハ國王ヨリ發シタル條例ニ依テ集會シタリ此條例中條則ノ大半ハ千六百十四年ノ最後ノ三族公會ノ召集及ヒ組織ニ付テ踐行シタル舊式ヲ採リタルモノニシテ又許多ノ點就中平民議權ノ點ニ關シ第二縉士會議《アコンド、アッサンブレー、デ、ノターブル》〔按〕千七百八十八年九月六日路易第十六世ノ召集シタル

千七百八十九年十二月二十二日ノ法律

千七百九十一年ノ憲法

會議ニシテ翌年五月一日ヲ期シテ開クヘキ三族公會ノ組織ニ就テ諮問ヲ受ケシ者ニ於テ更改ヲ加ヘタルモノナリ

立憲議會《アツサンブレー、コンスチチユーンヤ》ニ於テ議決シタル最初ノ法律中ノ一ナル千七百八十九年十二月二十二日ノ法律ニテ初メテ我カ法制ニ撰擧法ヲ載セタリ此法律ハ其諸條則中議會ノ被撰權幷ニ各州ノ撰擧權ニ關スル條則ヲ更改シタルノ外總テ千七百九十一年ノ憲法ニ收用セラレ載セテ立法國民議會《アツサンブレー、ナシヨナール、レジスラチーブ》ト題スル篇ニ出テリ

千七百九十一年ノ憲法ニ於テハ一議會ヲ立テタリ而シテ其議員ノ撰擧ハ殆ト一般投撰ノ法ヲ用ヒタリト雖モ倘ホ重複投撰《スクリユタン、ア、ツー、ドグレー》ニ附シタリ總テ州内有爲ノ國民《シトワイヤン、アクチフ》〔按〕投撰ノ權ヲ有スルカ爲メニ必要ト定メタル條欵ヲ具備セシ者ニ就テ云ヒシ稱〔原註〕有爲ノ國民タルニハ佛蘭西ニ生レ若クハ歸化シタルヿ、年齡滿二

千七百九十二年八月十二日ノ布令

十五歳以上タルコ、法律ニ定ムル年限(少クモ一年以上)郡會若クハ縣內ニ住シタルコ、王國中ノ一地方ニ於テ少クモ三日分ノ工價ニ均シキ直税ヲ納レ其收證ヲ出示スルコ、雇役人ニアラサルコ、住所ノ邑廳ニ於テ護國兵ノ名簿ニ登錄セラレタルコ、邦國、法律及ヒ國王ニ忠實ヲ盡スヘキノ宣誓ヲ為シタルコヲ要ス(千七百九十一年ノ憲法第二欵)ヨリ成レル初級撰擧會ニ於テ一定ノ撰擧定税ヲ納ルヘキ有為國民ノ中ヨリ州ノ撰擧人ヲ撰任シ而シテ此州ノ撰擧人ヨリ議會ノ代議士ヲ撰任スルノ法ナリキ但代議士ハ唯州內ノ有為國民ノ中ヨリ撰ブコヲ得シモノナリ

立法議會《アッサンブレー、レジスラチーブ》〔按〕立憲議會ノ次ニ組織シタルモノハ國民議會《コンベンシヨン、ナシヨナール》ヲ組織スル為メ撰擧人ヲ召集セシ時撰擧ノ條欵ヲ著シク低下シタリ其千七百九十二年八月十二日ノ布令ヲ以テ重複投撰ノ法ヲバ猶ホ依然トシテ存シタリト雖モ有為ノ國民ト有為ニアラサル國民トノ差別ヲ廢シ初級撰擧權ノ年齡二十五歳以上ナ

千七百九十三年ノ憲法

リシヲ二十一歳以上ニ減シ又州ノ撰擧權及ヒ議會ノ被撰權ニ付テ要セシ年齡ヲハ從前ノ如ク二十五歳以上ニ据ヘ置シト雖モ此二權ニ付テ要セシ撰擧定税ノ條款ヲ全廢シタリ

國民議會《コンバンシヨン、ナシヨナール》ハ其千七百九十三年ノ憲法（此憲法ハ讀者ノ知レル如ク遂ニ實行セサリシモノナリ）ニ於テ尚ホ數歩ヲ進メ一般ノ直接投撰法《シユフラージユ、ユニベルセール、エー、ジレクー》ヲ立テタリ是レ我カ國史ニ於テ此法ノ濫觴ナリトス此法ニ於テハ總テ年齡二十一歳以上ニシテ唯縣內ニ六ケ月以上居住シタル國民ハ皆直接ニ已レノ代議士ヲ撰フヿヲ許サレ且ツ總テ國民ハ共和國ノ全管內ニ於テ撰擧セラルヽヿヲ得タリ而シテ撰擧ハ一州毎ニ爲スニアラスシテ撰擧人四万人ヲ包含スル撰擧區毎ニ爲スヿ

ヲ要セリ

夫ノテルミドウル月九日〔按〕此日ハロベスピエール、サンジユスト、クートン及ヒ其他ノ激徒ガ捕縛セラレテ翌日斷頭場ニ送ラレタル日ニシテ共和政治ノ虐政全ク終リタル著名ノ日ナリ實ニ千七百九十四年七月二十七日ニ當レリノ後國民議會ニ於テ議決シタル共和暦第三年ノ憲法ニ於テハ二議會ヲ設ケ兩ツナカラ毎年其議員ノ三分一ヲ更撰セリ即チ一ハ五百員議會《コンセイユ、デ、サンク、サン》ト稱シ法律ヲ起議スルノ權ヲ有セシモノ一ハ老成員議會《コンセイユ、デ、サンシヤン》ト稱シ法律ヲ認可スルノ權ヲ有セシモノ是レナリ又此憲法ニ於テハ一般ノ重複投撰法及ヒ毎州撰擧ノ法幷ニ千七百九十一年ノ憲法ニ於テ初級撰擧權及ヒ州ノ撰擧權ニ付キ要セシ所ノ住所及ヒ撰擧定税ノ條欵ヲ復シタリ其他此二議會議員ノ被撰權ニ關シテハ從前我カ撰擧法ニ記載セシ所ヨリモ更ニ嚴ナ

共和暦第八年ノ憲法

ル住所及ヒ年齢ノ條款ヲ定メタリ

又共和暦第八年ノ憲法ハ法律議案ヲ討論スルヲ司ル判案《トリ》院《ビユナー》ノ員及ヒ法律議案ヲ評決スルヲ司ル民撰議院《コール、レジスラチーフ》ノ員ヲ撰任スルニ付キ推薦名簿ヨリ撰抜スルノ法ヲ設ケリ後幾許クナラスメ共和暦第十年テルミドウル月十六日ノ元老院《セナチ》議定書《コンシユルト》ニ因リ尚ホ一層此法ヲ加重シ當時第一コンシユル〔按〕行政ノ大權ヲ統ヘシ官ニシテ後帝位ニ登リタル那破翁第一世ヲシテ自カラ撰擧人名簿ノ調製ニ關與セシメタリ

此法ニ於テハ三種ノ撰擧會ヲ置キ〔縣撰擧會、郡撰擧及ヒ州撰擧會是レナリ〕之ヲシテ名簿ヲ作ラシメ其名簿ニ就テ諸官吏判案院ノ員及ヒ民撰議院ノ員ヲ撰任セリ而シテ判案院ノ議員及ヒ民撰議院ノ代議士ハ國民名簿《リスト、ナシヨナール》ト稱シ郡撰擧

會及ヒ州撰擧會ノ二會ニ於テ作リタル名簿ニ就キ元老院ヨリ之ヲ採レリ但第一コンシュルハ郡ノ各撰擧會ニ於テハ撰擧人十名ヲ撰ヒ州ノ各撰擧會ニ於テハ二十名ヲ撰ブノ權ヲ有セリ

元老院ノ議員ハ第一コンシュルヨリ州及ヒ郡ノ二撰擧會ニ於テ作リタル一般ノ名簿中ヨリ採リテ推薦セル候補人三員ノ名表ニ就テ元老院自カラ之ヲ任セリ

元來總テ國民ハ自國人タルト歸化セシ者タルトヲ問ハス唯年齡二十一歲以上ニシテ縣內ニ一年間住居スヘキノ條欵ノミヲ以テ縣撰擧會ニ參與スルノ權利ヲ有セシカ故ニ一般投撰ヲ以テ此法ノ基礎トナセシカ如シト雖ヒ其他ノ二撰擧會ニ參與スルニ付キ要スル所ノ條欵及ヒ此二會ノ

千八百十四年ノ憲法

千八百十七年二月五日ノ法律

撰擧人ヲ命スルニ付キ第一コンシュルニ與ヘタル權利並ニ立法官及ヒ判案官ヲ任スルノ方法ニ因リテ此一般投撰法ヲ存スルハ全ク有名無實トナリタリ

王政復古《レスーツラシヨン》［按］千八百十四年「ブールボン」家ノ復古ノ時ニ在テハ千八百十四年六月四日路易第十八世ヨリ准許シタル憲法《シャルト》ニ於テ貴族院《シャムブル、デ、ペール》及ヒ代議士院《シャムブル、デ、テピユテー》ノ二院ヲ設ケ而シテ貴族院ノ議員ハ國王ヨリ之ヲ命シ又代議士院ノ構成ハ千八百十七年ノ法律ニ至テ之ヲ規定シタリ

此千八百十七年二月五日ノ法律ハ投撰ノ直接タルヘキヿヲ原則ト定メタリ佛國ニ於テ直接投撰ノ法ハ夫ノ遂ニ實行セサリシ千七百九十三年ノ憲法ニ於テ既ニ原則ニ立テタリト雖モ此法ヲ實施シタルハ之ヲ嚆矢ナリトス其代議

千八百二十年ノ法律

士ノ撰擧ハ憲法ノ條則ニ傚ヒ合名投撰法ヲ以テ毎州之ヲ爲セシモノナリ

撰擧法ニ關シ千八百十七年ノ法律ニ収用シタル此憲法ノ要欵ハ左ノ如クナリキ即チ投撰・直接タルヿ、撰擧人トナルニハ年齡三十歳以上ニシテ直税三百フラン〔按〕凡ソ我カ六十圓ヲ納ルヽヲ要スルヿ、被撰人トナルニハ年齡四十歳以上ニシテ直税一千フラン〔按〕凡ソ我カ二百圓ヲ納ルヽヲ要スルヿ是レナリ」

過激王黨ハ此法律ヲ以テ尚ホ自由ニ過ルモノト思惟シ千八百二十年ノ法律ヲ以テ之ニ換ヘタリ此法律ニ於テハ二種ノ撰擧會ヲ再興シタリ乃チ一ハ州撰擧會ト稱シ毎州一會ニシテ此レハ最多額ノ税ヲ納ルヽ撰擧人ヨリ成リテ其人員撰擧人名薄ニ登錄セラレタル撰擧人全員ノ四分一ニ

均シキモノナリ又一ハ郡撰擧會ト稱シ其數ハ州ニ因リテ不同ナルモノニシテ毎會代議士一員ヲ撰擧セシナリ但總テノ州撰擧會ヨリハ代議士百七十二員ヲ撰擧シ總テノ郡撰擧會ヨリハ百八十五員ヲ撰擧セリ

此法ニ據レハ最多額ノ税ヲ納ルヽ撰擧人ハ二重ノ投票權ヲ有セリ何トナレハ州撰擧會ト郡撰擧會中ノ一トニ於テ撰擧ニ參與セルヲ以テナリ是レ則チ千八百二十年ノ法律ニ二重投票ノ法律タル名ヲ附シタル所以ナリ其他撰擧權幷ニ被撰權ニ付テ年齢、住所及ヒ撰擧定税ヲ要スルノ條欵ハ千八百十七年ノ法律ニ定メシ所ト同一ナリキ

憲法ノ明文ヲ破リテ王勅ヲ發シタルニ因リ惹起シタル千八百三十年ノ革命後ニ國王路易非立《ルイ、ヒリツプ》ハ千八百三十年ノ憲

千八百三十一年四月十九日ノ法律

法《ルト》ヲ布告シ以テ貴族院議員ノ官職ノ世傳ヲ廢シ撰擧權ノ年齡三十歲ナリシヲ二十五歲ト爲シ被撰權ノ年齡四十歲ナリシヲ三十歲ニ改メタリ其他此憲法ニ於テ二重投票ノ權ヲ廢シ及ヒ撰擧權被撰權ノ條欵ヲ定ムル爲メニ遠カラス一ノ法律ヲ出スヘキヿヲ告示シタリ

千八百三十一年四月十九日ニ議決シタル此法律ニ於テ實ニ二重投票ノ權ヲ廢シ直接撰擧ノ法ヲ興復シ幷ニ撰擧權及ヒ被撰權ニ付テノ年齡ノ條欵ヲ低下スルニ關シテ憲法ニ記載シタル改正ヲ確定シタリ其他此法律ニテ撰擧權ノ納租額ヲ三百フランヨリ二百フランニ減シ被撰權ノ納租額ヲ一千フランヨリ五百フランニ減シ及ヒ社會ノ或ル部類ヨリ取リタル國民ノ中ニテ撰擧定税ノ半額ヲ以テ撰擧

權ヲ有セシムル者ヲ設ケ此等ニハ唯百フランノ撰擧定稅ヲ要シタリ

千八百四十八年ノ革命ハ撰擧法ノ改革ヲ祈ルトノ叫聲ヲ發シテ之ヲ遂ケタリ此革命ニ因リ二院ノ制ヲバ全ク廢シタリ而シテ假設政府ノ最初ノ告諭書中ノ一ニ於テ日ナラス立憲議會《アッサンブレー、コンスチチユアント》ヲ召集シ全國民ヲシテ其撰擧ニ參與セシムヘキヿヲ約シタリ

假設政府ヨリ出シタル千八百四十八年三月五日ノ布令ニ於テ投撰ハ一般ニシテ直接タルヘキヿヲ原則ト定メ幷ニ撰擧權及ヒ被撰權ニ付キ左ノ條款ヲ設ケ幾許クナラスシテ立憲議會ニ於テ之ヲ整理シテ確約ノモノトナシ以テ千八百四十八年九月四日ノ憲法ニ記入シタリ即チ總テ年齡

千八百四十八年ノ憲法

千八百五十年五月三十一日ノ法律

二十一歳以上ニシテ六ケ月間住居ヲ定メシヿヲ證明セシ國民ハ皆撰擧定稅ヲ納ルヽニ及ハスシテ撰擧人タルヲ得ルヿ又總テ年齡二十五歳以上ノ國民ハ皆住所ノ條欵ナクシテ被撰人タルヲ得ルヿ是レナリ但其撰擧ハ合名投撰ノ法ヲ以テ每州之ヲ爲スヿヲ要セリ

其後千八百四十九年三月十五日ノ法律ハ千八百四十八年三月五日ノ布令及ヒ同年九月四日ノ憲法ニ記載シタル原則ヲ擴メ之ヲ整理シタルニ過キス然モ幾許クナラスシテ立法議會《アッサンブレー、レジスラチーブ》ハ千八百四十八年ノ憲法ニ定メタル所ノ撰擧法ノ條欵ヲ更ニ嚴格ナル方法ニ更改セサルヲ得サルニ至リタリ實ニ千八百五十年五月三十一日ノ法律ニ於テ撰擧權ニ付テノ住居ノ條欵ヲ六ケ月ヨリ三ケ年ニ陞シ其他此三

ヶ年住居スル事ヲ證明スル爲メニ制限アル證據ヲ供スヘキ事ヲ撰擧人ニ命シタリ是レ一層此規則ノ嚴格ヲ增シタルモノナリ

千八百五十二年ノ憲法

路易那破翁保那巴《ルイー、ナポレヲン、ボナパルト》千八百五十一年十二月二日ノ大變革ヲ行ヒタル時ニ方リ其最初ノ告諭書中ノ一ニ於テ一般投撰ノ法ヲ興復シ［千八百四十九年ノ法律ノ要欵ヲ以テ］及ヒ千八百五十年五月三十一日ノ法律ヲ廢シタル事ヲ公布シタリ

千八百五十二年一月十四日ノ憲法［此憲法ハ幾許クナラスシテ同年二月二日ノ布令ヲ以テ其撰擧法ニ關シ之ヲ完備シタリ］ニ於テ千八百四十九年ノ法律ノ基礎ニ本ツキ乃チ撰擧權ニ付キ撰擧定稅ヲ納ルヘキノ條欵ナク唯六ヶ月間

住所ヲ定ムヘキノ約款ノミヲ以テ一般ノ直接投撰法ヲ與復シ合名投撰法ヲ廢シタリ而シテ此千八百五十二年ノ布令ヲ以テ隨意ニ毎州ヲ分ツテ各〻代議士一員ヲ撰擧スヘキ撰擧區ト爲スノ權ヲ行法權ノ首長ニ與ヘタリ

此法制ハ其後一二ノ要點ニ關シ改更ヲ加ヘタルノミニシテ遂ニ帝政ノ亡ブルニ至ルマテ依然トシテ存シタリ

千八百七十年九月四日ノ革命後ニ護國政府ハ立憲議會《アツサンブレー、コンスチチユアント》ヲ組織セシカ爲メニ撰擧人ヲ召集シタリ同月八日及ヒ十五日ニ該政府ヨリ發シタル二個ノ召集布令ニ於テ合名投撰法ヲ與復シ及ヒ其撰擧ニ適用センガ爲メ千八百五十二年ノ布令ヨリ採リタル諸則ト合シテ千八百四十九年ノ法律中ノ或ル規則ヲ採用シタリ然𪜈此二布令ハ普魯士人ノ侵

千八百七十一年一月二十九日ノ二布令

立法ノ權

入ニ因リ議會ノ撰擧ヲ行フヿ能ハサリシヲ以テ遂ニ之ヲ實施スルヿヲ得サリキ

其後普國ト休兵條約ヲ締結シタルニ因テ發シタル千八百七十一年一月二十九日ノ二布令ヲ以テ是迄遷延シタル國民議會ノ撰擧ヲ行フヿヲ得セシメタリ此一月二十九日ノ二布令ハ夫ノ實施セサリシ前年九月八日及ヒ十五日ノ二布中ノ重要ナル諸則ヲ再出シ之ニ新條則ヲ加ヘタルモノナリ同年二月八日佛蘭西全國ニ於テ現今ベルザイユニ集會スル所ノ國民議會《アッサンブレーナショナール》ヲ撰擧シタルハ此二布令ニ由ル所ニシテ之ニ記載セル撰擧法ニ倣ヒシモノナリ

○立法權

方今立法ノ全權ハ國民議會《アッサンブレー、ナショナール》ニ屬シ該議會ヨリ立法權ヲ大

大頭領ノ立法ニ參與スルノ權

其參與ノ條欵

統領ニ分任ス

○大頭領

大頭領ハ國民議會ヨリ七ヶ年ノ任期ヲ以テ撰任セルモノニシテ政務ノ責ニ任スヘキ執政官ヲシテ居間セシメ以テ法律起草ノ權《イニシヤチーブ、ド、ロワー》ヲ行フヿヲ得然モ大頭領ハ毫モ認可權《ドロワー、ド、サンクシヨン》ヲ有セス尤モ議會ノ議事ニ參與シ及ヒ若干ノ程度ヲ以テ停止《ベトウ、シユスパ》權《ンシチーフ》ヲ行フヿヲ得

大頭領ノ立法權ニ關與スルノ條欵ハ千八百七十三年三月十三日ノ法律ニ明記シテ之ヲ規定セリ此法律ノ明文ニ據レハ大頭領ハ宣旨《メッサージユ》ヲ發シテ議會ト通照シ會期ヲ開クニ付テノ宣旨ヲ除クノ外總テ執政官ヲシテ議會ノ辨明席ニ就テ之ヲ朗讀セシム然モ大頭領ハ議會ノ議事ニ參シ己レノ

法律布告ノ期限

再議ニ付スルノ權

意見ヲ陳ルヲ必要ナリト思惟スル片ハ宣旨ヲ以テ其意ヲ議會ニ告ケタルノ後議事ニ參シテ意見ヲ陳ルヿヲ得

大頭領ノ參與シテ意見ヲ陳ント欲スル所ノ議事ハ宣旨ヲ受ケタル後ニ之ヲ中止シ而シテ大頭領ハ翌日議場ニ出テ其意見ヲ陳ブ但特別ノ公評ニ於テ即日其意見ヲ陳ブヘキヿヲ決スル片ハ格別トス

大頭領ノ意見ヲ陳タル後直チニ會議ヲ罷メ其議事ハ後日ノ會議ニ付ス但其議中ノ決ハ大頭領ノ出場セサル片之ヲ擧ク

大頭領ハ急速ヲ要スル法律ハ議會ノ評決後三日內ニ之ヲ布告シ急速ヲ要セサル法律ハ一月內ニ之ヲ布告ス

大頭領ハ三讀會《トロワー、レクチユール》ノ程式ヲ踐ムニ及ハサル法律ニ關スル片

詰問書若クハ請願書ニ關シ意見ヲ陳ルノ權

ハ三日內ニ趣意ヲ陳ヘタル宣旨ヲ以テ再議ヲ請求スルノ權ヲ有シ又三讀會ノ程式ヲ踐ムヘキ法律ニ付テハ第二讀會ノ後ニ之ヲ第三讀會ノ議事日課《ヲルドル、ジユ、ジユール》ニ登スヿヲ二ケ月後ニ定ムヘキヲ請求スルノ權ヲ有ス

詰問書《アンテルペラーシヨン》〔按〕議員ヨリ政府ノ處置ニ對シテ爲スモノハ執政官ニ呈スルヲ得ルノミニシテ大頭領ニ呈スルヿヲ得ス

執政官ニ呈シタル詰問書若クハ議會ニ送附シタル請願書《ペチシヨン》〔按〕人民ヨリ出セルモノ外部ノ事件ニ關係スルトキハ大統領已レノ意見ヲ陳ルノ權ヲ有ス

其詰問書若クハ請願書ノ內部ノ政畧ニ關係ヲ帶ルトキハ獨リ執政官ノミ之ニ關スル處置ニ付テ答辨ス然レトモ執政官會《コンセイユ、ド、ミニ》議《ストル》ノ副議長ヨリ議事ヲ開ク前ニ議會ヘ通知シタル特別ノ決

議チ以テ該會議ニ於テ之チ政府ノ一般政畧ニ關係アルモノトシ故ニ大頭領ノ責任ニ係ルモノト宣告スル片ハ大頭領上ニ記述シタル程式チ以テ議會ニ出テ已レノ意見チ陳ルノ權チ有ス

議會ハ執政官會議ノ副議長ノ意見チ聞キタル後ニ其議事ノ日ヲ定ム

陸軍大將マクマホン氏ニ七ヶ年間大頭領ノ權チ授ケタル所ノ千八百七十三年九月二十日ノ法律ニ於テモ此權力チ行フニ付テノ條款チ毫モ變更セサリキ然ルニ將來ノ憲法ニ於テ之ニ加フルヲ得ヘキ更改ハ格別ト定メタリ

○國民議會

國民議會《アッサンブレー、ナシヨナール》ハ代議士七百三十八員ヲ以テ之チ構成ス初メ代議士ノ

織

代議士配附ノ制

八員ハ藩屬地ノ代議士ヲ加入シ七百六十四員ナリシガアルサース及ヒロレイヌノ一部ヲ日耳曼帝國ニ合併シタルニ因リ七百三十八員ニ減シタリ

代議士ヲ諸州ニ配附セルコ左ノ如シ

一アーン州	七員	一エーヌ州	十一員
一アリエール	七員	一ヲート、アルプ州	二員
一バッス、アルプ州	三員	一アルプ、マリチーム州	四
一アルデーシュ州	八員	一アルダンヌ州	六
一アリヱージュ州	五員	一オウブ州	五員
一オウド州	六員	一アベイロン州	八員
一ベルホール州	一員	一ブーシュ、ジュ、ローヌ州	十一員
一カルワルドウ州	九員	一カンタール州	五員
一シャラント州	七員	一シャラント、アンヘリユール州	十員

一シェール州　七員　一コレーズ州　六員
一コルス州　五員　一コート、ドウル州　八員
一コード、ジュ、ノウル州　十二員　一クリュウス州　五員
一ドルドーヌ州　十員　一ヅウブ州　六員
一ドローム州　六員　一ユール州　八員
一ユール、エーロ、ワール州　六員　一ヒニステール州　十三員
一ガール州　九員　一ヲート、ガロンヌ州　十員
一ジェール州　六員　一ジロンド州　十四員
一エロール州　八員　一イーユ、エー、ブレース州　十二員
一アンドル州　五員　一アンドル、エー、ロワール州　六員
一イゼール州　十二員　一ジュラー州　六員
一ランド州　六員　一ロワール、エー、シエール州　五員

一ロワール州　十一員　一ヲート、ロワール州　六員
一ロワール、アンヘリユール州　十二員　一ロワレー州　七員
一ロー洲　六員　一ロー、ヱー、ガロンヌ州　六員
一ロゼール州　三員　一ソーヌ、ヱー、ロワール州　十一員
一マンシユ州　十一員　一マルン州　八員
一ヲート、マルン州　五員　一マイヤンヌ州　七員
一ムウルツ、ヱー、モゼイユ州　九員　一ミュウズ州　六員
一モルビヤン州　十員　一ニエーブル州　七員
一ノール州　廿八員　一ヲワーズ州　八員
一ヲルン州　八員　一パー、ド、カレー州　十五員
一ピイー、ド、ドーム州　十一員　一バッス、ピレネー州　九員
一ヲート、ピレネー州　五員　一ピレネー、ヲリヤンタール州　四員

一ヲローヌ州　十三員
一ソーヌ、エー、ロワール州　十二員
一サボワー州　五員
一セイヌ州　四十三員
一セイヌ、エー、マルン州　七員
一ヅウ、セイブル州　七員
一タルン州　七員
一ワール州　六員
一バンデー州　八員
一チート、ビヤンヌ州　七員
一ヨンヌ州　七員
一マルチニック　二員

一チート、ソーヌ州　六員
一サルツ州　九員
一チート、サボワー州　五員
一セイヌ、アンヘリユール州　十六員
一セイヌ、エー、ヲワーズ州　十一員
一ソンム州　十一員
一タルン、エー、ガロンヌ州　四員
一ボークリューズ州　五員
一ビヤンヌ州　六員
一ボージュ州　八員
一アルゼリー　六員
一ギヤドループ　二員

撰擧權ノ條欵

撰擧權ヲ失フ條欵

一ギョイヤンヌ　一員　一セ子ガール　一員

一レウニヲン　二員　一佛領印度　一員

合計七百三十八員

○撰擧權

投撰ノ權《ドロワー、ド、ボット》ハ總テ年齡滿二十一歲以上ニシテ民權政權ヲ享有シ及ヒ少クモ六ケ月以上邑内ニ住スル佛蘭西人ニ屬ス

○無能力

左ニ擧ル所ノ者ハ投撰ノ權ヲ失フ

一施體ト加辱トヲ兼ヌル刑若クハ加辱ノミノ刑ニ處セラレタルニ因リ民權及ヒ政權ヲ奪ハレタル者施體ト加辱トヲ兼ヌル刑ハ死刑、無期徒刑、流刑、有期徒刑、禁獄、懲役是レナリ〔刑法第七條〕加辱ノミノ刑ハ追放及ヒ剝奪公權是レナリ〔刑法第八條〕

二投票及ヒ撰擧ノ權ヲ禁スルコヲ許ス所ノ法律ヲ適用シテ輕罪裁判所ヨリ此權ヲ禁セラレタル者

三刑法第四百六十三條ヲ適用シテ重罪ニ付キ禁錮ノ刑ニ處セラレタル者

四盗罪、詐欺取財ノ罪、背信ノ罪、官金預リ人ノ竊取罪、若クハ風俗ヲ乱ス罪ニ付キ刑ニ處セラレタル者

五健康ニ害アル混合物ヲ入レタル僞造飲料ヲ販賣シ若クハ零賣シタルニ付キ三ケ月ノ禁錮ニ處セラレタル者

六一般ノ德義及ヒ宗教上ノ德義ヲ瀆シ若クハ品行ヲ穢ス罪及ヒ所有權幷ニ親族權ヲ妨害スル罪ヲ犯シタルニ付キ刑ニ處セラレタル者

七撰擧上ノ重罪及ヒ輕罪ヲ罰スル規則ニ依テ禁錮ノ刑ニ處セラレタル者

八裁判宣告若クハ裁判所ノ決定ニ因リ免黜セラレタル公證人、裁判所書記及ヒ裁判所附屬官吏

九無籍若クハ乞丐ノ罪ヲ犯シタルニ付キ刑ニ處セラレタル者

十刑法第四百三十九條第四百四十三條第四百四十四條第四百四十五條第四百四十六條第四百四十七條第四百五十二條ヲ適用シテ三ケ月ノ禁錮ニ處セラレタル者

十一賭博場若クハ官許ヲ受ケサル富籤講ヲ設ケタルノ罪アリト宣告セラレタル者及ヒ豫シメ官許ヲ受ケス

シテ典鋪《ヒチヤ》ヲ設ケタル者
十二捧鎖及ヒ徒刑ニ處セラレタル軍人
十三懲兵法ノ規則ヲ犯シタルニ付キ禁錮ニ處セラレタル者
十四食用物若クハ藥物ヲ僞造シタル罪其僞造物ヲ販賣シタル罪及ヒ僞造ノ尺度量衡ヲ使用シタル罪ニ付キ禁錮ニ處セラレタル者千八百五十一年三月二十七日ノ法律第一條
十五高利ヲ貪リタル罪ニ付キ刑ニ處セラレタル者
十六治産ノ禁ヲ受ケタル者
十七復權ヲ得サル家資分散人

○投撰權ノ停止

撰擧權停止ノ條欵

左ニ擧クル所ノ者ハ撰擧ニ參與スルノ權ヲ停止ス

一拘留人

二欠席セル刑事ノ被告人

三治産ノ禁ヲ受ケタルニアラスシテ癲狂院ニ入レラル、者千八百三十八年六月三十日ノ法律

此他官權ヲ帶フル者ニ對シテ抵抗、凌辱、暴行ヲ爲シタル罪、陪審若クハ證人ニ對シテ公ケニ凌辱ヲ爲シタル罪、喧呼嘯《アットルプ》集《マン》ニ關スル法律及ヒ政談會社《クリユーブ》ニ關スル法律ニ記載セル輕罪并ニ呼賣營業ニ關スル法律ヲ犯シタル罪ニ付キ一月以上ノ禁錮ニ處セラレタル者ハ其刑ノ滿期ヨリ五年間撰擧人名簿ニ登錄セラル、ヿヲ得ス千八百五十二年二月二日ノ布令第十六條

右投撰ノ權ヲ停止スル場合ノ外尚千八百七十二年七月二十七日ノ徵兵法第五條ニ於テ服役中ノ軍人ハ投撰ノ權ヲ

被撰權ノ條欵

被撰權ヲ失フ條欵

失フヘシト定メタル停止ノ場合アリトス

○被撰權

總テ年齡二十五歳以上ニシテ民權及ヒ政權ヲ享有スル佛蘭西人ハ皆代議士ニ撰ハルヽヿヲ得

○無能力

左ニ列記スル所ノ者ハ無能力ノ故ヲ以テ代議士ニ撰ハルヽヿヲ得ス

一痛體ト加辱トヲ兼ヌル刑若クハ加辱ノミノ刑ニ處セラレタルニ因リ民權ヲ奪ハレタル者

二撰擧權若クハ被擧權ヲ禁スルヿヲ許ス所ノ法律ヲ適用シテ輕罪裁判所ヨリ此權ヲ禁セラレタル者

三刑法第四百六十三條ヲ適用シテ重罪ニ付キ禁錮ノ刑

ニ處セラレタル者
四盗罪、詐欺取財ノ罪、背信ノ罪、官金預リ人ノ竊取罪、若クハ風俗ヲ亂ス罪ニ付キ刑ニ處セラレタル者但其刑ノ如何ニ拘ハルヿナシ
五僞造ノ飲料ヲ販賣シ及ヒ僞造ノ尺度若クハ量衡ヲ以テ商品ヲ販賣シタル罪又ハ商品ノ品質ヲ欺キタル罪ニ付キ刑ニ處セラレタル者但其刑ノ如何ニ拘ハルヿナシ
六高利ヲ貪リタル罪ニ付キ刑ニ處セラレタル者
七猥褻ノ罪ニ付キ刑ニ處セラレタル者
八欠席セル刑事ノ被告人
九治産ノ禁ヲ受ケタル者及ヒ裁判所ヨリ任スル輔佐人

ヲ附セラレタル者

十　復權ヲ得サル家資分散人

○失權

代議士ノ失權

總テ議員其任期中右ニ記載シタル欵項中ノ一ニ蹈リタル者ハ人民ノ代議士タルノ權ヲ失ス但シ其失權《デシエアンス》ハ證明書類ヲ撿閲シタル上ニテ議會ヨリ之ヲ宣告ス千八百四十九年三月十五日ノ法律第八十條

○兼任ノ制禁

兼任制禁ノ條欵

議員ノ職ヲ兼任スヘカラサル場合ハ千八百四十九年ノ法律ニ於テハ頗ル許多ナリシガ方今ハ大ニ之ヲ制限シタリ千八百七十一年五月二日ニ議決シタル法律ニ於テ州長及ヒ郡長ハ其管理シタル州ニ於テ議員ニ撰ハルヽコヲ得ヘ

カラスト定メタリ此制禁ハ州長及ヒ郡長ノ職ヲ罷メタル𪜈ヨリ六ケ月間猶ホ續イテ存スルモノトス

プランストウ氏ノ起議ニ就テ千八百七十二年八月二十五日ニ議決シタル法律ノ明文ニ據レハ國民議會員ハ何レモ其任期中俸給アル官職ニ任セラルヽヿヲ得ス又既ニ官吏タル𪜈ハ昇級ヲ爲スヿヲ得ス

議員辭職シタル塲合ニ於テハ其辭職後六ケ月間猶ホ續イテ此制禁ヲ該員ニ適用スルモノトス

兼任制禁ノ例外

左ニ擧ル所ノ職務ハ此規則ノ限ニアラス

一試驗若クハ撰擧ヲ以テ任スル職務

二執政官、大輔、特命全權大使、全權公使セイヌ州長ノ職務

國民議會員ハ政府ヨリ國内若クハ外國ヘ一時臨時ノ差遣《ミツシヨン》

ノ任ヲ命セラルヽコヲ得總テ差遣ノ時間六ヶ月以上ニ渉ルモノハ一時ノ差遣ト看做スヲ罷ム

代議士ニ撰擧セラレタル陸海軍ノ將校ハ其任期間驅員外《ヲール、カードル》差遣特務中ノ者ト之ヲ看做ス

總テ代議士ハ戰功ニ關スル場合ノ外榮譽勳級《ヲルドル、レジヲン、ド、ノヌル》ニ於テ其員ニ命セラレ若クハ昇級スルコヲ得ス

又參議院《コンセイユ、デター》ノ構成ニ關スル千八百七十二年五月二十四日ノ法律ニ於テ該院參議官ノ職務ト代議士ノ職務トヲ兼任スヘカラスト定メタリ

又陪審ニ關スル千八百七十二年九月四日ノ法律ニ於テ陪審ノ職務ト代議士ノ職務トノ間ニ兼任スヘカラサルノ條欵ヲ設ケタリ

撰擧人名簿ノ定則

撰擧人名簿査正ノ處分

終リニヒリポットウ氏ノ起議ニ係リ現今議院ノ議ニ付シタル法律ノ議案ハ總テ現役《セルビッス、アクチフ》ニ属スル陸海軍人ナバ其位階ニ掲ハラス皆議會ヨリ除クナ目的トセリ

○撰擧人名簿

撰擧人名簿ニハ總テ邑内ニ住シ投撰ノ權ヲ有スル國民ノ姓名ナ悉ク「イロハ」順ニテ登録ス此名簿ハ永久保存スルモノニシテ毎年査正ノ時ニアラサレハ之ニ更改ナ加フルヿナ得ス

毎年一月一日ヨリ十日マテニ各邑ノ邑長ハ投撰ノ權ナ得タルト認メシ國民及ヒ四月一日前ニ年齢住居ノ條欵ヲ具備スヘキ國民幷ニ前年遺脱シタル國民ノ姓名ヲ撰擧人名簿ニ加ヘ而シテ左ニ擧ル所ノ者ナ之ヨリ刪除ス

一死去シタル撰擧人
二管轄官ヨリ删除ヲ指令セラレタル撰擧人
三須要ナル分限ヲ失フタル者
四不當ニ登錄セラレタルト認メシ者
右ノ處分ヲハ總テ其趣意幷ニ證憑ノ書類ヲ擧ケテ別段ノ簿册ニ記載ス
又邑長ハ一ノ表ヲ製シテ其撰擧人名簿ニ就キ增加及ヒ删除シタル人名ヲ之ニ擧ケ遲クモ一月十五日マテニ之ヲ邑廳ノ書記局ニ納ムヘシテ該局ニ於テ何人ニ拘ハラス總テ請求者ニ之ヲ示シ幷ニ之ヲ謄寫及ヒ印刷スヘキナリ但此表ヲ該局ニ納メタルヿヲ公衆ニ告ルニハ常例ノ場所ニ貼附スル揭示書ヲ以テス

遺脫セラレタル者等ノ請求期限

右等ノ程式ヲ行ヒタル旨ヲ證スル調書ヲ添テ此表ノ寫ヲ郡長ニ出シ郡長ヨリ二日內ニ自己ノ考案ヲ附シテ之ヲ州長ニ移ス而シテ州長ハ之ヲ受取リタル日ヨリ二日內ニ邑長ノ處分ヲ不當トスル片ハ之ヲ參事院《コンセイユド、プレヘクチユル》ニ訴フルヿヲ得又參事院ニ於テハ三日內ニ之ヲ裁決シ而シテ邑長ノ處分ヲ廢棄スル片ハ其廢棄シタル處分ヲ改正スヘキ期限ヲ定ム

總テ撰擧人名簿ニ遺脫セラレタル國民ハ掲示書ノ貼附アリタルヨリ二十日內ニ自己ノ請求《レクラマシヨン》ヲ邑廳ニ出スヿヲ要ス千八百六十六年一月十三日ノ勅書又總テ州ノ撰擧人名簿中ノ一ニ登錄セラレタル撰擧人ハ同上ノ期限內ニ遺脫セラレタル者ノ姓名ヲ登錄シ若クハ不當ニ登錄セラレタル者ノ姓名ヲ刪除スヘキヿヲ請求スルヲ得此權利ハ州長及ヒ郡長ニモ亦屬

ス
右ノ請求ハ其日附ノ順序ヲ以テ之ヲ別段ノ簿冊ニ登記シ而シテ邑長ヨリ各〻其請求書ノ収證ヲ交付スルヿヲ要ス
姓名ノ登錄アルニ付キ爭テ受ケタル撰擧人ニハ邑長ヨリ無入費ニテ其旨ヲ告知シ該撰擧人ハ自己ノ辨明書ヲ出スヿヲ得
總テ右ノ請求ハ巴里府ニ於テハ邑長及ヒ二員ノ邑長副ヨリ成リ其他ノ地ニ於テハ邑會ヨリ特ニ命シタル二員ノ邑會議員ヨリ成レル委員五日内ニ之ヲ裁斷シ三日内ニ其裁決書ヲ關係人ニ送達ス關係人ハ五日内ニ之ニ對シテ控訴スルヿヲ得其控訴ハ縣ノ治安裁判官ニ爲スヘキモノニシテ唯書記局ヘ申告書ヲ出スヲ以テ足レリトス而シテ三日

撰擧人名簿ノ
完結

前ニ総テノ關係人ヘ告知書ヲ與フルノ外他ニ訴訟手續ナク且ツ無入費ニテ十日内ニ之ヲ裁斷ス
此治安裁判官ノ裁決ニ對シテハ再ヒ控訴スルヿヲ得ス然𪜈其裁決書送達ノ日ヨリ十日内ニ大審院ヘ上告スルヿヲ得
總テ撰擧上ニ關スル裁判所ノ諸證書ハ印紙ヲ用ユルヲ免除シ且ツ無税ニテ之ヲ官ノ簿冊ニ記録ス又撰擧人名簿ヘノ登録ニ付テハ必要ナル身分證書《アクト、シビール》ノ抜萃ハ印紙ニアラサル紙ニ記シ無税ニテ交付ス但此抜萃ニハ必ス其使用ノ目的ヲ記シ置キ決シテ之ヲ他事ニ用ユルヿヲ許サス
毎年三月三十一日ニ邑長ハ總テ成規ニ依テ指令セラレタル所ノ改正ヲ行ヒ其改正表ヲ州長ニ移シ然ル後撰擧人名

投票ヲ始ムル制

簿ヲ完結シ翌年三月三十一日ニ至ルマテ其儘ニテ動カサヾルナリ但治安裁判官ヨリ指令スルヲ得ヘキ更改ヲ加ヘ幷ニ死去若クハ民權及ヒ政權ヲ奪ハレタル撰擧人ノ姓名ヲ塗抹スルハ格別トス

撰擧人名簿ノ正本ハ本邑ノ書記局ニ納メ置キ而シテ其閲覽ヲ乞フ者ニハ必ス之ヲ許スヿヲ要ス

○撰擧會

毎州合名投撰法《スクリユタン、ド、リスト》ヲ以テ本州ニ屬セラレタル人員ノ代議士ヲ撰擧ス

其投票ハ法律若クハ撰擧人召集ノ布令ニ定メタル日（此日ハ必ス日曜日若クハ祭日タルヿヲ要ス）ニ於テ之ヲ始ム但投票ノ時間ハ一日ヨリ超ユヘカラス千八百七十年九月十・六日及千八百七十一

年一月二十九日ノ布令

投票場所ノ制

其投票ハ各邑ノ首地ニ於テ之ヲ行フ千八百七十一年四月十日ノ法律若シ地方ノ便宜ト登録セラレタル撰擧人ノ人員トニ於テ之ヲ要スルトキハ州長ノ裁截ヲ以テ其要スル所ニ應シ邑ヲ數區ニ別ツコヲ得

撰擧會長

撰擧會《コレージュ、エレクトロー》ハ邑長、邑長副若クハ名表ノ順序ニ因テ取リタル邑會議員之ニ上席ス

若シ是等ノ者在ラサルトキハ讀ミ書キヲ知レル年長ノ撰擧人中ヨリ會長ヲ撰フ

撰擧事務局ノ組織

邑會議員若クハ讀ミ書キヲ知レル撰擧人ノ中ヨリ取リタル輔佐役《アッセソール》ト會長トヲ以テ撰擧事務局ヲ構成ス

撰擧會ハ該會ノ集會セシ目的タル撰擧ノ事ノミニ從フヲ

得ヘク總テ討論議決ヲ爲スハ該會ニ禁スル所ナリ

撰擧會ノ取締

撰擧會ハ會長獨リ其取締ヲ爲ス權ヲ有ス會長ノ許可ナクンバ會場內若クハ會場ノ近傍ニ何レノ兵員ヲモ置クヿヲ得ス文武ノ有司ハ會長ノ請求ニ應スヘキナリ

撰擧ヲ行フ間ハ少クモ局員三員出席スルヿヲ要ス

撰擧中ノ爭訟

撰擧中ニ起リタル爭訟ハ事務局ニ於テ理由ヲ陳ヘタル決定書ヲ以テ假リニ之ヲ裁決シ其決定書及ヒ請求書ハ証憑ノ書類ト共ニ調書ニ附綴ス

投票者ノ條欵

撰擧ヲ行フ間ハ撰擧人名簿ノ寫ヲ事務局ノ机上ニ備ヘ置キ何人ト雖ヒ此名簿ニ登錄セラルヽニアラサレハ投票ヲ爲スヿヲ許サス然ヒ自己ノ登錄ヲ指令セル治安裁判官ノ裁決書ヲ所持スル者若クハ自己ニ對シテ言渡サレタル刪

除ノ裁決ヲ破毀セル大審院ノ判決書ヲ所持スル者ハ投票ニ参與スルノ權ヲ有ス

撰擧人ハ何人ニ拘ハラス總テ兇器ヲ持スル片ハ投票室ニ入ルヿヲ得ス

投票ノ方法

○投票ノ方法

出席シタル撰擧人ハ投票室外ニ於テ各自調製シタル封緘セル票牌ヲ會長ニ渡シ會長之ヲ投票函ニ投入ス但投票函ハ投票ヲ始ムル前ニ二個ノ錠ヲ以テ之ヲ鎖シ其鍵ノ一ハ會長之ヲ有シ一ハ年長ノ輔佐投之ヲ有ス

撰擧人各自ノ投票ヲ爲シタルヿハ局員中ノ一人撰擧人名簿ニ就テ本人姓名ノ欄外ヘ署名若クハ署名ニ代フル横線ヲ畫シテ之ヲ保證ス

○投票ノ開披及ヒ調査

投票終結ノ爲メニ定メタル時刻ニ於テ左ノ方法ヲ以テ票牌ノ開披《デプイーユマン》ヲ行フ

先ツ投票函ヲ開キ票牌ノ數ヲ撿査ス而シテ若シ其數投票者ノ人員ヨリ多ク若クハ少ナキトキハ其旨ヲ調書ニ記ス

事務局ヨリ出席撰擧人ノ中ニテ讀ミ書キヲ知レル撿査人《スクリユタトール》若干名ニ命シ之ヲシテ少クモ四脚ノ机ニ列セシム

會長ハ撿査スヘキ票牌ヲ右ノ諸机ニ分配シ而シテ其開披ヲ監察ス

其机ハ何レモ撰擧人周圍ヲ旋リ得ル方法ニ設置シ各〻其机上ニ於テ撿査人中ノ一人高聲ニ各個ノ票牌ヲ朗讀シテ之ヲ他ノ撿査人ニ移シ票牌ニ記シタル姓名ハ之レカ爲メ特

ニ調製シタル簿冊ニ記載ス
撰擧スヘキ候補人ノ人員ヨリ多ク姓名ヲ記シ若クハ少ナク姓名ヲ記シタル票牌ハ有効ナリト雖モ其人員外ニ記シタル最後ノ姓名ハ之ヲ計算セス
白紙ノ票牌若クハ十分ナル記載ナキ票牌若クハ憲法ニ背ケル記載ヲ爲シタル票牌幷ニ投票者ノ姓名ヲ記シタル票牌ハ決シテ開披ノ結果ニ算入セスシテ之ヲ調書ニ附添ス」
票牌ノ開披ヲ爲シタル後直チニ投票ノ結果ヲ公告シ而シテ調書ニ附添スヘキ票牌ヲ除クノ外其他ノ票牌ハ總テ撰擧人ノ面前ニ於テ之ヲ燒棄ス數區ニ分チタル邑ニ於テハ其票牌ノ一般ノ開披幷ニ其票牌ノ燒棄ハ中央邑廳ニ於テ之ヲ爲ス但シ投票ノ結果ハ事務局ニ於テ之ヲ規定シ局員其姓名ヲ手署ス

各州ノ投票一般ノ調査

各邑撰擧ノ處分ヲ證スル調書ハ二通ニ作リ其一通ハ邑廳ノ書記局ニ留メ置キ他ノ一通ハ郡長ニ移シ郡長ヨリ之ヲ州長ニ送達ス

各州ノ投票一般ノ調査ハ州會議員三員ヨリ成レル委員ノ斡旋ヲ以テ本州ノ首府ニ於テ公ケノ會ヲ開キ之ヲ爲ス此委員長ヨリ比例多數ノ順序ヲ以テ投票ノ最多數ヲ得タル候補人ノ本州ニ屬スル人員ヲ人民ノ代議士ニ撰ハレタル者ト公告ス

○再投票

何人ト雖モ左ノ條欵中ノ一ヲ具備スルニアラサレハ第一回ノ投票ニ於テ撰擧セラルヽ〻ヲ得ス

一投票全數ノ過半數ヲ得タル〻

二撰擧人名簿ニ登錄セラレタル撰擧人ノ人員ノ四分一ニ均シキ票數ヲ得タル千八百七十三年二月十八日ノ法律

此最下限ノ票數ヲ得タル候補人ノ人員撰擧スヘキ代議士ノ人員ヨリ下レル場合ニ於テハ第二回ノ投票ヲ行フ此投票ニ於テハ投票者ノ人員ニ拘ハラス比例多數ニ取テ撰擧ス

再投票ヲ行フ場合

此第二回ノ投票ハ第一回投票ノ結果ヲ公告シタル日ノ後第二日曜日ニ於テ之ヲ爲ス

投票ノ同數ヲ得タル場合ニ於テハ候補人中年長ノ者ヲ取テ之ヲ擧ク

撰擧ノ結果ヲ公告シタル後直チニ州長ノ幹旋ヲ以テ調書及ヒ之ニ添ユル所ノ書類ヲ國民議會ノ議長ニ送附ス

代議士分限ノ審査

被撰者撰擧ノ條欵

議員辭職ノ處分

○分限ノ審査

代議士分限ノ法ニ適スルヤ否ヤヲ審査判決スルノ權ハ獨リ國民議會ニ屬ス

○撰擇、辭職

數州ニ於テ撰ハレタル代議士ハ其撰擧ノ法ニ適スルヲ認メラレタルヨリ十日内ニ自己ノ撰擇スル所ヲ國民議會ノ議長ニ申告スルヿヲ要ス此期限内ニ本人自カラ撰擇スルヿナキニ於テハ公ケノ會議ニ於テ抽籤ヲ以テ之ヲ決ス又議員ノ辭表ヲ受理スルノ權ハ獨リ議會ニ屬ス然モ議會ハ之ヲ政府ニ移スヘク政府ハ其欠ヲ補フ爲メ撰擧人ヲ召集スルノ處分ヲ爲スヘキナリ

○補欠撰擧

補欠議員ノ撰擧

議員ノ手當金

議員中、撰擇、死去辭職、若クハ其他ノ事故ニ因リ欠員アル場合ニ於テハ其欠テ補フヘキ撰擧會ヲ六ケ月内ニ召集ス八千八百五十二年二月二日ノ法律第八條其召集ハ大統領ノ布令ヲ以テ撰擧ヨリ少クモ二十日前ニ之ヲ爲スコヲ要ス

○手當金

代議士ハ各〻一ケ年九千フラン〔按凡ソ我カ千八百圓〕ノ手當金《アンダムニテー》ヲ受ク此手當金ハ總テ他ノ俸給ト併受スルヲ得サルモノニシテ代議士ノ任期間ハ他ノ俸給ヲ停止ス然ドモ執政官ノ職務、大審院若クハ巴里府控訴院ノ檢事長及ヒセイヌ州長ノ職務ヲ任セラレ又ハ陸海軍ノ號令《コムマンドマン》若クハ一時ノ差遣特務《ミツシヨン》ヲ任セラレタル代議士ハ此職務ニ屬スル俸給ヲ受ク尤モ立法

職員ノ撰任及ヒ任期

議長及ヒ會計官ノ俸給

官ノ手當金ト之ヲ併受スルヿヲ得ス
藩屬地ヨリ出テタル代議士ハ手當金ノ外往返ノ渡航費ヲ受ク

○職員ノ撰任

議會ハ公撰ヲ以テ其職員ヲ任ス議長、副議長及ヒ書記官ノ任期ハ三ヶ月間〔按〕三ヶ年ノ誤ナラン歟ニシテ仍ホ重撰スルヿヲ得會計官ノ任期ハ一ヶ年間ニシテ是レ亦重撰スルヿヲ得
議長ノ俸給ハ其代議士ノ手當金ヲ除キ一ヶ年七万二千フラン〔按〕凡ソ我カ一万四千四百圓トス
會計官ノ俸給ハ其手當金ヲ加入シ一ヶ年一万八千フラン〔按〕凡ソ我カ三千六百圓トス

公評ノ定員

公評ニ參與スヘキ定員

議會ニ於テ取レル決定ノ効力ヲ有センニハ公評者ノ人員少クモ三百七十員（議員ノ全員ノ半數ヨリ一員多キ多數）タルヿヲ要ス

○罰則

撰擧上ノ罰則

千八百五十二年二月二日ノ布令ニテ撰擧上ニ於ケル詐僞若クハ賄賂ノ罪ヲ罰スヘキ許多ノ罰則ヲ定メタリ

處刑若クハ家資分散ニ因テ撰擧權ヲ失フタル者投票シタル場合ニ於テハ若シ其犯人自己ノ加功《パルチシパシヨン》ナクシテ其處刑前後ノ撰擧人名簿ヘ登錄セラレタルヲ以テ投票シタルトキハ十五日以上三月以下ノ禁錮ニ處シ二十フラン〔按〕凡ソ我カ四圓以上五百フラン〔按〕凡我カ百圓以下ノ罰金ヲ科ス千八百五十二年二月二日ノ布令第三十二條又總テ僞名ヲ用ヒ若クハ權利ヲ詐稱シテ自己ノ姓名

ヲ撰擧人名簿ニ登錄セシメタル者若クハ一個以上ノ撰擧人名簿ヘ登錄ヲ請求シタル者ハ一月以上一年以下ノ禁錮ニ處シ百フラン〔按〕凡我カ二十圓以上千フラン〔按〕凡ソ我カ二百圓以下ノ罰金ヲ科ス同上布令第三十一條

右不正ノ登錄ニ因テ投票ヲ爲シタル者ハ六月以上二年以下ノ禁錮ニ處シ二百フラン以上二千フラン以下ノ罰金ヲ科ス

左ニ列記スル所ノ罪ヲ犯シタル者ハ一月以上一年以下ノ禁錮ニ處シ百フラン以上二千フラン以下ノ罰金ヲ科ス

一凡テ暴行又ハ脅迫ノ手段ヲ用ヒ若クハ本人ヲシテ職務ヲ失フヿヲ恐レシメ或ハ本人又ハ親屬ノ損害トナルヘキヿヲ怖レシメ以テ撰擧人ヲシテ投票ヲ止ムル

ノ決心ヲ爲サシメントシタル罪千八百五十二年二月二日ノ布令第四十條

二撰擧人ヲシテ投票ヲ止ムルノ決心ヲ爲サシムヘキ性質ノ誹謗ノ流言若クハ無根ノ新聞ヲ傳ヘタル罪

三撰擧事務局ニ對シテ不敬凌辱ヲ爲シタル罪及ヒ暴行若クハ脅迫ノ所爲ヲ以テ撰擧ニ妨害ヲ加ヘ又ハ之ヲ遲延セシメタル罪同上布令第四十五條

此最後ノ場合ニ於テ若シ投票ヲ破壞シタルトキハ一年以上五年以下ノ禁錮ニ處シ千フラン以上五千フラン以下ノ罰金ヲ科ス

撰擧上ニ於テ賄賂ヲ行ヒタル罪ハ三月以上二年以下ノ禁錮ニ處シ五百フラン以上五千フラン以下ノ罰金ヲ科ス故ニ撰擧人ヨリ斯々ノ投票ヲ得ンカ爲メ若クハ投票ヲ爲ス

ヿヲ止メシメンカ爲メニ公私ノ職務其他總テ利益ヲ與ヘ又ハ與フルヿヲ約シタル者ハ此刑ヲ以テ罰ス〔若シ其犯者官吏タルトキハ此刑ヲ倍ス〕若シ喧呼嘯集シ或ハ脅迫ノ擧動ヲ觀メシ以テ撰擧會ノ事務ヲ錯亂シ及ヒ撰擧權ノ執行若クハ投票ノ自由ニ妨害ヲ加ヘタルトキハ同上ノ禁錮及ヒ百フラン以上二千フラン以下ノ罰金ヲ適用ス千八百五十二年二月二日ノ布令第三十八條

撰擧事務局員票牌ヲ竊取シ若クハ增加シ若クハ變換シテ投票ヲ僞造シタル者ハ一年以上五年以下ノ禁錮ニ處シ五百フラン以上五千フラン以下ノ罰金ヲ科ス其他撰擧人ヨリ票牌ヲ書スルヿヲ囑託セラレ其指示シタル所ノ人ニアラサル他人ノ名ヲ書シタル者亦同シ千八百五十二年二月二日ノ布令第三十五

條第三十六條

撰擧人兇器ヲ持シテ投票室ニ入リタル者ハ陽ハニ其兇器ヲ持スルトキハ十六フラン以上百フラン以下ノ罰金ヲ科ス若シ陰ニ其兇器ヲ持スルトキハ五十フラン以上三百フラン以下ノ罰金ヲ科ス但シ陰ニ兇器ヲ持スル場合ニ於テハ罰金ノ外ニ十五日以上三月以下ノ禁錮ヲ加フ

凡テ撰擧會ノ會長定時刻ノ前ニ投票ヲ閉鎖シタル者ハ法律ニ於テ二十五フラン以上三百フラン以下ノ罰金ニ處ス千八百四十九年ノ法律第百十五條

事務局員若クハ投票ノ監守ヲ任セラレタル吏員投票ヲ破壞シタルトキハ懲役ニ處ス千八百五十二年二月二日ノ布令第四十七條此刑ハ群集シテ暴行ヲ爲シ開披ノ前ニ投票ヲ入ルヽ所ノ投票函ヲ

奪フタル者ニモ亦之ヲ適用ス若シ暴行ヲ爲サヽルトキハ其投票函ヲ奪フタルノ所爲ハ一年以上五年以下ノ禁錮ニ處シ千フラン以上五千フラン以下ノ罰金ヲ科ス（同上布令第四十六條）

此懲役ノ刑ハ投票ヲ妨ル爲メ兇器ヲ持シ撰擧會ニ亂入シタル者ニモ亦之ヲ適用ス若シ該犯兇器ヲ持セサルトキハ一年以上五年以下ノ禁錮ニ處シ千フラン以上五千フラン以下ノ罰金ヲ科ス又若シ該犯佛蘭西國內ノ一郡以上ニ於テ行ハンカ爲メニ共謀シテ之ヲ犯シタルトキハ有期徒刑ニ處ス

其重罪ハ重罪裁判所ニ於テ之ヲ裁判シ輕罪ハ輕罪裁判所ニ於テ之ヲ裁判ス但總テ刑ニ處セラレタル者ハ無論撰擧權及ヒ被撰權ノ禁ヲ受ク

撿察官ヨリ公訴ヲ起ス場合ノ外ハ重罪又ハ輕罪ノ生シタル撰擧會ノ撰擧人ノミ其犯罪ニ關シテ告訴ヲ爲スノ權ヲ有ス政府ノ官吏ヲ告訴スルニモ豫シメ允許ヲ受ケスシテ之ヲ爲スヿヲ得然圧該官吏其告訴ノ免訴ヲ受ケタル場合ニ於テハ其民事原告人ニ對シ百フラン以上千フラン以下ノ罰金及ヒ損害ノ償ヲ言渡スヿヲ得

其公訴及ヒ私訴ハ撰擧ノ後三ケ月ニシテ期滿免除ヲ得又總テ刑ヲ宣告スト雖圧是レカ爲メ既ニ議會ヨリ確的ノモノト定メタル撰擧ヲ廢スルヿヲ得ス

○常置委員

議院閉會スル片ハ其議員中ノ若干員ニ委任シテ閉會中急迫ノ事件生シタル片議院ヲ召集スルノ斡旋ヲ爲サシム之

常置委員ノ組織

常置委員ノ職權

ヲ常置委員《コミツシヨン、ド、ペルマナンス》ト云フ

此委員ハ左ノ諸員ヲ以テ之ヲ搆成ス

一公ケノ會議ニ於テ合名投撰法ヲ用ヒ撰任シタル議員

二十五員

二議會ノ職員乃チ議長一員副議長四員書記官六員會計

官三員

合計三十九員

此委員ノ上席ハ無論議會ノ議長之ヲ占ム

議院ノ內規ニ於テ此委員ニ任スル所ノ職權ハ唯急迫ノ場合ニ於テ議會ヲ召集スルヿ是レナリ然𪜈總テ其任期中ニ生シ得ル所ノ政治上ノ事變ヲ討議シ乃ヒ之ニ關シテ執政官ニ詰問スルノ權ハ自《オ》カラ此職權ヨリ生スルモノトス

暴ニ議會ヲ解散シタル場合ノ處分法

○不法ノ解散

不法即チ暴ニ議會ヲ解散シタル場合ヲ豫見スル所ノ規則ヲ記述セサレハ此講究完備ニ至ラサルヲ以テ左ニ之ヲ記述スヘシ

此規則ハトレベニュウ氏ノ起議ニ就テ千八百七十二年二月十五日ニ議決シタル法律ヨリ出ツ

此法律ノ明文ニ據レハ若シ國民議會ガ不法即チ暴ニ解散セラレ又ハ集會スルヿヲ妨ケラレタル片ハ諸州ノ州會《コンセイユ、ゼネロー》ハ自カラ持別ノ召集ヲ待ツニ及ハスシテ直チニ各州ノ首府ニ集會シ若シ其通常開會スル地ニテハ其會議ノ自由ヲ十分ニ保固スルニ足ラスト見ユル片ハ何レノ地ヲ問ハス總テ其他ノ地ニ集會ス但シ該會ハ其議員ノ過半數出ルヿア

ラサレハ正當ニ搆成セルモノトナスヘカラス
其各州會ハ左ニ述ル所ノ議會ヨリ該議會ノ搆成全ク整ヒシヿヲ通報シタル日ニ至ルマテ本州內ニ於テ一般ノ安寧及ヒ秩序ヲ保持スルノ急務ヲ行フ
又各州會ヨリ秘密會議ニ於テ撰出セル二名ノ委員《デレゲー》ヨリ成レル議會ヲ正當政府ノ諸員幷ニ暴行ヲ脫シ得タル代議士ノ赴ケル地ニ開設ス此委員議會《アツサンブレー、デ、デレゲー》ハ少クモ諸州ノ半數ヲ代理スル委員之ニ出テタルニアラサレハ正當ニ搆成セルモノトナスヘカラス
此議會ハ佛蘭西全國ニ向テ秩序ヲ保持スルニ必要ナル緊急ノ處分及ヒ特ニ國民議會ヘ其獨立ノ全權及ヒ其權利ノ執行ヲ恢復セシムルヲ目的トスル所ノ處分ヲ爲スヿヲ任

シ又仮リニ國內一般ノ政務ヲ充行ス但此議會ハ國民議會ノ議員ノ過半數國內ノ一地方ニ集會シテ再ヒ該議會ヲ構成シタルヤ否ヤ直チニ自カラ解散スヘキモノトス

若シ其事變ノ起リタルヨリ一月內ニ再ヒ國民議會ヲ構成スルヿヲ得サル𪜈ハ委員議會ヨリ一般ノ撰擧ヲ爲スノ可否ヲ全國民ニ問フヿヲ要ス

此議會ノ權力ハ新ニ國民議會ヲ構成シタル日ニ終ルモノニシテ此時ニ至ルマテハ總テノ官吏必ス此議會ノ決定ヲ執行スヘク若シ之ヲ執行セサル𪜈ハ瀆職《ホルヘーチユール》ノ罪ヲ以テ論ス」

以上敘述スル所ハ乃チ現今佛蘭西ニ行ハルヽ代議ノ制度ナリトス

瑞士

○沿革

往古初メテ瑞士國ニ住シタル人民ハ白人種ノ一群タルヘルウ《ヱ》ーシー人ナリキ抑〻此ヘルウ《ヱ》ーシーハ羅馬人之ヲ征服シ次ニ亞剌曼人之ヲ征服シタルノ後遂ニ佛蘭克人ノ版圖ニ歸シタリ降テ千三百七年ニ至リハブスブルグ家ノ王朝之ヲ澳地利ニ合併セントシタルカ爲メニリ《ユ》ウトリー人蜂起シテ該王朝ニ抗シ激戰ヲ始メタリ此戰爭ハ漸ク千四百九十九年ニ至テ全ク瑞士ノ獨立ヲ認メタルバールノ條約ニ因リ其局ヲ結ヒタリ此戰爭中許多ノ列邦《カントン》ニ於テ攻守ノ同盟ヲ爲シタリ乃チ初メ千二百九十一年ニ方テユリー、スクウ《ヰ》ス及ヒヲンテルワルデンノ三列邦間ニ共同盟ヲ結ヒタリシガ此戰爭ニ因テリュセンルヌ、ジュリックグラリージュク及ヒベルヌノ五列邦之ニ加ハリタリ則チ千七百九十八年ニ至ルマテ若干ノ特權《プリビレージュ》ヲ享有シタル舊列邦《ビユウ、カントン》ト稱セシモノ是レナリ其後ウェストハリーノ條約（千六百四十八年）ニ因テ瑞士國ノ獨立ヲ確的トナシ尋イテ漸次其聯邦中ニ數列邦ヲ增加シ其他ニ同盟列邦ヲ加ヘタリ

千七百九十八年佛蘭西共和政府ニ於テ瑞士ヲ奪ヒシキ新ニ此國ヘ一ノ憲法ヲ布令シタリ又千八百三年ニ於テ那破翁仲裁條例《アクト、ド、メジアシヨン》ヲ作リ（二月十九日）之ニ因テ該國ヲ十九列邦ニ分チタリ其後千八百十五年ニ至リ瑞士ハ更ニ自カラ其憲法ヲ制定スルヲ得テビヤンヌノ諸國大會議ヨリ其新憲法ノ認可ヲ受ケタリ

立法ノ權

法律ノ制定

國法ヲ改正シタリ此憲法ハ同年九月十二日ニ議決シタルモノニシテ方今猶ホ之ヲ該聯邦公法ノ根源ナリトス千八百七十三年ニ於テ改進黨之ニ改革ヲ加フルノ必要ナルヲ主張シタリシガ頗ル微弱ノ過半數ヲ以テ其説ヲ斥ケラレ爾後其改革案ニ少シク更改ヲ加ヘ千八百七十四年四月十九日ニ於テ頗ル大ナル過半數ヲ以テ之ヲ採用シタリ且ツ此改正ハ本書ノ主眼トスル所ニ關係ヲ有セサルナリ

○立法權

瑞士聯邦ノ最上權ハ聯邦議會《アッサンブレー、フェデラール》ニ於テ之ヲ行フ聯邦議會ハ國議會《コンセイユ、ナシヨナール》及ヒ列邦議會《コンセイユ、デ、ゼター》ノ二局ヲ以テ之ヲ構成ス

○法律ノ制定

此二議會ハ各〻別ニ會議ヲ爲ス總テ立法上ノ處分ハ逐次二

議會ニ於テ之ヲ採用スルヿヲ要ス然𪜈法律起草ノ權ハ彼此ノ別ナク共ニ二議會ニ屬ス

二局ノ聯合會

或ル場合ニ於テハ國議會及ヒ列邦議會相合シテ集會シ共ニ會議ヲ爲スコトアリ乃チ此二議會ヨリ聯邦ノ行法權ヲ任セラルヽ聯邦行政會《コンセイユ、フエデラール》ヲ組織スル七員ノ委員ヲ公撰シ及ヒ其員中ニ就テ聯邦議長《プレジダン、ド、ラ、コンヘデラシヨン》ヲ撰任スルハ此法ニ依テ之ヲ行フ

○聯邦行政會

聯邦行政會ノ組織

聯邦行政會員《コンセイユ、フエデラール》ハ聯邦議會ノ二局ニ於テ總テ被撰權ヲ有スル瑞士國民ノ中ヨリ之ヲ撰擧シ三年間其職ニ任ス但該會ハ國議會ノ更撰ノ後每ニ全ク之ヲ更迭ス

○聯邦議長

聯邦議長及副議長ノ撰擧幷ニ任期

聯邦議長《プレジダン、ド、ラ、コンヘデラシヨン》及ヒ聯邦行政會ノ副議長ハ二局ヲ合シタル聯邦議會ニ於テ聯邦行政會員ノ中ヨリ之ヲ撰擧シ一年間其職ニ任ス議長及ヒ副議長ハ二年間續イテ其職任ヲ勤ムルヿヲ得ス副議長ハ不易ノ習慣ニ因リ必ス翌年議長ノ職ニ就カシム

聯邦議長及ヒ聯邦行政會ノ諸員ハ聯邦ノ金庫ヨリ年俸ヲ受ク

○列邦議會

列邦議會ノ組織

列邦議會《コンセ、コン、ゼター》ハ諸列邦《カントン》ノ代議士四十四員ヲ以テ之ヲ構成ス毎列邦其人口ニ拘ハラス代議士二員ヲ撰任シ分離シタル列邦ハ其各半邦ニ於テ代議士一員ヲ撰任ス

列邦議會員撰擧ノ法

列邦議會員ハ各列邦ノ法律ニ定メタル方法ヲ以テ毎邦之ヲ撰擧スヱリー、グラリー、アッペンゼル等ノ列邦ニ於テハ人

列邦議會員ノ任期

職員撰任ノ制

民廣場ニ集會シテ之ヲ撰擧シジュリツクニ於テハ撰擧人直接投撰法ヲ以テ之ヲ撰擧シ其他諸列邦ノ大半ニ於テハ大議《グランドコン》會《セイユ》即チ各列邦又ハ各半邦ノ議會ヨリ之ヲ撰擧ス

○任期

列邦議會員ノ任期ハ各列邦ノ便宜ニ因リテ長短アリト雖モ概シテ一ケ年トス但重撰スルヿヲ得

○職員

列邦議會ハ毎回ノ通常會期若クハ臨時會期間其員中ヨリ議長及ヒ副議長各〻一人ヲ撰任ス但議長及ヒ副議長ハ前回ノ通常會期間議長ニ撰ハレタル列邦ノ代議士中ヨリ撰擧スルヿヲ得ス又同一列邦ノ代議士ハ二回ノ通常會期間引續キテ副議長ノ職ニ任スルヿヲ得ス

論議兩立スル𪜌ハ議長ノ説ヲ以テ其可否ヲ決ス職員ノ撰擧ニ於テハ議長モ亦他ノ議員ト同シク投票ス

列邦議會員ノ俸給

○俸給

列邦議會ノ代議士ハ其各自ノ列邦ヨリ俸給ヲ受ク

國議會ノ組織

○國議會

國議會《コンセイユ、ナシヨナール》ハ人口二万人ニ付キ一員ノ比例ヲ以テ各列邦若クハ半邦ヨリ其人口ニ應シ直接ノ暗投票ヲ以テ撰擧セル代議士ヨリ成ル

各列邦若クハ半邦ハ其人口二万人ニ下ルト雖𪜈少クモ代議士一員ヲ撰擧ス又人口一万人以上ノ零數ハ代議士一員ヲ撰擧スルノ權利アリ

○撰擧權

聯邦ノ各邦(列邦若クハ半邦)ハ聯邦一般ノ諸規則ヲ除クノ外每邦各自ノ法律ニ據テ撰擧ヲ爲ス其一般ノ諸規則中重要ナルモノ左ノ如シ

總テ年齡滿二十歲以上ニシテ自己ノ住所ヲ有スル列邦ノ法制ニ因リ有爲國民《シトワイヤン、アクチフ》ノ權利ヲ奪ハレサル瑞士國人ハ皆投撰ノ權ヲ有ス

軍人ハ其隊ノ司令官ノ手ニ投票ヲ渡シ司令官ヲ輔佐スル特別ノ局員ヨリ之ヲ本人住所ノ撰擧會ニ送付シ該撰擧會ノ投票ニ加フ

瑞士國民ハ列邦國民タルノ資格ヲ以テスルト寄留國民タルノ資格ヲ以テスルトヲ問ハス其現ニ寄居スル所ノ地ニ於テ撰擧權ヲ行フ但撰擧人名簿ニ登錄セラレンニ

撰擧人名簿ニ關スル諸則

ハ同邑內ニ六ケ月間寄留スルヿヲ要ス

○撰擧人名簿

總テ邑內ニ住スル瑞士國民ハ管轄官ニ於テ本人列邦ノ法制ニ因リ有爲國民ノ權利ヲ失フタルノ證據ヲ有スルニアラサレハ職權ヲ以テ之ヲ該邑ノ撰擧人名簿ニ登錄スルヿヲ要ス

撰擧人名簿ノ記載方ニ關スル規則ハ總テノ瑞士國民ニ付テ皆同一トス

撰擧人名簿ハ永久保存スルモノトス其査正ハ每年一度爲スヿヲ得ルノミ此査正ニ關シテ撰擧人ヨリ出セル請求ハ一月十五日ヨリ二月五日マテニ之ヲ受理ス

每回撰擧前ニ撰擧人ヲシテ撰擧人名簿ヲ閱覽スルヲ得セ

シメンカ爲メニ少クモ二週間公ケニ之ヲ開示スルヿヲ要ス而シテ遲クモ投票ヲ爲ス三日前ニ之ヲ閉鎖ス

邑長ヲ相手取リ遺脱若クハ不當ノ刪除ニ對スル訴ハ邑ノ常置委員ニ出シ次ニ治安裁判官ニ之ヲ控訴ス而シテ治安裁判官ノ裁決ニ於テ法律ヲ破リ若クハ權限ヲ越ユルトキハ之ヲ大審院ニ上告スルヿヲ得

又撰擧人ハ列邦ノ行政官撰擧人名簿ヘ登錄スルヿヲ拒ミ若クハ登錄セルモノヲ刪除シ若クハ總テ撰擧法ヲ犯シタルニ付キ之レニ對シテ聯邦行政會ニ訴フルヿヲ得

○撰擧

撰擧ハ暗投票ヲ以テ之ヲ爲ス各撰擧ノ調書ハ當該事務局員之ヲ製シテ列邦政府ニ送致シ列邦政府ヨリ諸撰擧會ニ

於テ為シタル投票結果ノ表簿ヲ製シテ之ヲ公衆ニ公告ス」撰擧ノ事件ニ關スル請求ハ六日内ニ書面ヲ以テ之ヲ列邦政府ニ出シ列邦政府ヨリ之ヲ聯邦行政官ニ移ス但此期限ヲ過クレハ之ヲ受理セス

然ル後列邦政府ハ撰擧ニ關スル總テノ書類ヲ聯邦行政會ニ送致ス然レ𪜈票牌ハ格別ニシテ請求アル𪜈ノ外送致スルヿナク且ツ撰擧ノ確的トナリタルヤ否ヤ直ニ之ヲ破壞ス

何人ト雖𪜈左ノ條欵中ノ一ヲ具備スルニアラサレハ第一回ノ投票ニ於テ撰擧セラルヽヿヲ得ス

一　投票全數ノ過半數ヲ得タルヿ

二　撰擧人名簿ニ登錄セラレタル撰擧人ノ四分一ニ均シ

キ票數ヲ得タルヿ

第二回ノ投票ニ於テハ投票者ノ人員ニ拘ハラス比例多數ヲ以テ撰擧ス

投撰ニ於テ過半數ヲ得タル候補人ノ人員若シ撰擧スヘキ代議士ノ人員ヲ超ユルトキハ其中投票ノ最多數ヲ得タル者ヲ被撰者ト做ス

投票ノ數同等ナルヲ以テ競爭ヲ生スル場合ニ於テハ其候補人中年長ノ者ヲ取テ之ヲ擧ク

○被撰權

被撰權ノ條欵ハ聯邦全管内ニ於テ皆同一トス

總テ俗籍ニ入リ投撰ノ權ヲ有スル瑞士國民ハ皆國議會員ニ撰ハルヽヿヲ得瑞士國人ニ歸化シタル外國人ハ國民權《ドロワー、ド、シテー》

テ有スルヿ五年ノ後ニ至ラサレハ撰擧セラルヽヿヲ得ス」

兼任制禁ノ條款

○兼任ノ制禁

國議會員ノ職務ハ列邦議會代議士ノ職務、聯邦行政會員ノ職務及ヒ聯邦政會ヨリ任スル總テノ官職ト之ヲ兼任スルヿヲ得ス

然𪜈是等ノ職務ヲ任セラルヽ者ハ其撰擧後ニ兼任スヘカラサル二個ノ職務ヲ何レカ撰擇スヘキノ條款ヲ以テ國議會員ニ撰ハルヽヿヲ得

國議會員ノ任期

○任期

國議會員ノ任期ハ三ケ年ニシテ毎回全員ヲ更迭ス

一般ノ撰擧

國議會ノ更迭ニ付テノ一般ノ撰擧ハ十月ノ最後ノ日曜日ニ之ヲ爲ス若シ同日中ニ其撰擧ヲ終リ得サルトキハ各列邦

補欠ノ撰擧

政府ヨリ指定シタル日ニ之ヲ定ム
欠位ヲ生シタル議員ヲ補充スル一部ノ撰擧ハ多クモ六ケ月内ニ列邦政府ヨリ定メタル日ニ於テ之ヲ爲ス

被撰者撰擇ノ條款

○撰擇

同一ノ人若シ數撰擧區ニ於テ撰擧セラレタルトキハ其者ハ聯邦行政會ヨリ示ス所ニ就テ直チニ自己ノ撰擇スル所ノ撰擧區ヲ申告スルヿヲ要ス此申告ニ因テ聯邦行政會ハ直チニ其者ノ撰擇セサル所ノ諸撰擧會ニ於テ更ニ撰擧ヲ爲スヘキヿヲ指令ス

國議會ノ會期

○會期

國議會ノ全員ヲ更迭スル毎ニ總テ被撰人ハ其撰擧ノ告知書ヲ受ルノ外別段召集ナクシテ國議會ノ第一會期ヲ開ク

為メ十二月第一月曜日ノ午前十時ニ聯邦都府〔ベルヌ〕ヘ出ルヿヲ要ス

議員分限ノ審査

〇分限ノ審査

國議會ハ會合スルヤ否ヤ直チニ其議員ノ分限ノ審査ヲ行フ但自己ノ撰擧ニ付キ爭論ヲ受ケタル議員ハ之レニ關スル討議ノ𪜈ニ方リ退席スルヿヲ要ス

國議會ノ會期中ニ撰擧セラレタル議員ハ聯邦行政會ヨリ之ヲ召集ス是等ノ議員ハ其撰擧ヲ確的トセラレタル𪜈ニ至ラサレハ議事ニ參スルヿヲ得ス

議員辭職ノ條款

〇辭職

職務ヲ辭セント欲スル代議士ハ國議會ヘ其辭表ヲ出ス但其者ハ襲任者ノ撰擧アルマテ會議ニ列セシム

職員ノ撰擧

○職員

國議會ハ毎回ノ通常會期若クハ臨時會期間其議員中ヨリ議長及ヒ副議長各〻一人ヲ撰任ス

同一ノ議員二回ノ通常會期間引續キテ此高職ヲ行フヿヲ得ス副議長ハ一般ニ翌年議長ト爲ル

論議兩立スルトキハ議長ノ意見ヲ以テ其可否ヲ決ス職員ノ撰擧ニ付テハ議長ハ他ノ議員ト同シク投票ス

國議會員ノ俸給

○俸給

國議會員ハ一日七フランク〔按〕凡ソ我カ一圓四十錢ニ當レル出席符票《ゼットン、ド、プレザンス》ヲ用ヒテ聯邦金庫ヨリ手當金ヲ受ク

國議會員ノ八員

千八百七十二年七月二十日ノ法律ノ明文ニ據レハ現今國議會員ノ八員ハ百三十五員ニ陞レリ

○憲法ノ改正

國議會及ヒ聯邦行政會ノ組織ニ付テ行フ所ノ撰擧ノ外仍ホ瑞士國撰擧人ヲシテ其意ヲ表セシムル一ノ場合アリトス

聯邦議會ノ一局ハ憲法ノ改正ヲ主張シテ他ノ一局之レニ同意セサルトキ若クハ投撰ノ權ヲ有スル瑞士國民五万人以上請願書ヲ出シテ憲法ノ改正ヲ請求スルトキハ瑞士全國民ニ投票セシメ以テ憲法改正ノ可否ヲ決ス

右ノ場合ニ於テ國民投票シテ改正ヲ可トスル者多數ナルトキハ聯邦議會ノ二局ヲ更撰シテ憲法ノ改正ニ從事セシム其改正シタル憲法ハ投票ニ參與シタル瑞士國民ノ多數ト列邦ノ多數トニ於テ之ヲ採用シタルトキニアラサレハ之ヲ

施行スルヿヲ得ス

是故ニ千八百七十二年五月五日列邦議會及ヒ國議會ニ於テ議決シタル憲法改正案ハ同月十二日國民ノ認許ニ付シタル決定ニ因テ廢棄セラレ又之ニ反シテ更ニ起シタル改正案ハ千八百七十四年四月十九日ニ於テ否決セル票數十九万九千六百五十七個ヲ合シタル七列邦及ヒ一半邦ニ對シテ可決セル票數三十三万一千零八十五個ヲ合シタル十四列邦及ヒ一半邦ヨリ之ヲ採用シタリ

○列邦ノ法制

瑞士國ニ於テハ聯邦憲法ノ外ニ殆ト該憲法ノ保護ヲ受ケ特別ナル二十五個ノ列邦憲法アリテ行ハレリ（聯邦二十二列邦中ノ三邦ハ二部ニ分離シ毎部各別ニ其憲法ヲ有セリ）

左ニ此諸憲法中立法中ニ關スル重要ナル規則ヲ簡短ニ叙述セン

○一議會

瑞士國ニ行ハルヽ所ノ特別ナル二十五憲法中ノ二十三憲法ニ於テハ多少權限ノ廣狹アリト雖モ皆一議會ニ立法權ヲ委任セリユリー、バール、カムパンギュ、スクウヰスジョリック及ヒソリュールノ憲法ヲ除クノ外總テ此諸憲法ニ於テハ此議會ヲ稱メ大議會《グラン、コンセイユ》ト云ヘリ瑞士語之ヲグロッス、ラッツ又グラン、コンシグリヨウト云フ但ユリー及ヒバール、カムパンギュノ憲法ニ於テハ之ヲランド、ラッツト稱シ又スクウヰス、ジュリック及ヒソリョールノ憲法ニ於テハ之ヲカントンラッツト稱セリ

○二議會

二議會ヲ設ル憲法

ヲンテルワルド、ヲート及ヒグラリーノ憲法ニ於テノミ二議會ヲ設ケ各〻立法權ニ參與スル權限ノ程度ヲ異ニセリ此憲法ニ於テハ其二議會中ノ一ナルドレーファシェル、ラッツハ列邦國民ノ總會〔按〕此レハ列邦内國民ノ聯合撰擧會ニシテ列邦行法權ノ員ヲ撰擧スルハ該會ニ於テス又該會ハ總テ憲法ノ改正追加ニ就テ其可否ト所謂立法議會《コンセイコ、レジスラチーフ》ヲ投票ス但毫モ討論議決ヲ爲スノ權ナシ〔グラリートニ於テハ之ヲラッツト云ヒヲンテルワルド、ヲートトニ於テハ之ヲランドラッツト云フ〕トノ中間ニ在ルカ如キモノトス

議員ノ定員

○議員ノ數

此諸議會ノ議員ノ數ハ一般ニ人口ニ比例スルモノナリト雖モ各〻異ナル基礎ニ本ケリ是ノ故ニベルヌ邦ニ於テハ人口二千人ニ付キ代議士一員ノ比例ナリト雖モヲンテルワ

ルド、チートトニ於テハ人口七十人以上ノ零數ハ其議會ノ一ナルドレーファシユル、ラッツヘ代議士一員ヲ撰出スルノ權アリトス

○任

代議士ノ任期及ヒ議會更撰ノ方法ニ關シテハエロール氏ノ蒐集シタル案據ノ或ル點ニ於テ不完全ナルニ拘ハラス余輩ハ氏ノ案據ヲ玆ニ再出スルニ過キサルヘシ蓋シ氏ハグラリー邦及ヒアッパンゼル邦內二局部ノ立法議會更撰ノ方法ニ就テ更ニ案據ヲ見出スヿヲ得サリキ余輩モ亦黽勉探究シタルニ拘ハラス遂ニ此方法ニ關シテ毫モ發見スルヿ能ハサリシヲ以テ二十二邦ノ憲法ニ付テノミ記述スルニ止マルヘシ

議員全部ノ更撰及ヒ其任期

○全部ノ更撰

此二十二邦ノ憲法中十七邦ノ憲法ハ議員全部ノ更撰法ヲ収用セリ又議員ノ任期ニ至テハ六年ヨリ一年マテノ差異アリトス

其任期ハヲンテルワルド、バッス半邦ニ於テハ六年ソリュール及ヒフリブールノ二邦ニ於テハ五年ベルヌ、リュセルヌ、ユリー、アルゴビー、テッサン、ボード、バレーノ七邦ニ於テハ四年バール、カムバンギュ半邦及ヒサンガール、チュルゴビー、ニューシャーテルノ三邦ニ於テハ三年ジュグ、ジュリック及ヒジェネーブノ三邦ニ於テハ二年グリソン邦ニ於テハ一年トス

議員一部ノ更撰及ヒ其任期

○一部ノ更撰

其他五邦ノ憲法ニ於テハ一部ノ更撰法ヲ収用セリ即チヲ

議會ノ解散

ンテルワルド、チート半邦スクウヰス邦スシャフホース邦及ヒバール、ビーユ半邦ノ憲法是レナリ

チンテルワルド、ヲート半邦ノ憲法ニ於テハ任期四年ニシテ毎年四分ノ一ヲ更撰ス

スクウヰス邦ノ憲法ニ於テハ任期四年ニシテ二年毎ニ半數ヲ更撰ス

スシャフホース邦及ヒバール、ビーユ半邦ノ憲法ニ於テハ任期六年ニシテ三年毎ニ半數ヲ更撰ス

○解散

瑞士國ニ於テハ民撰議會ニ於テ最上權ヲ有スルカ故ニ議會ヲ解散スルノ權ヲ握ル大權之レナキナリジュチーブ及ヒジュリックノ二邦ヲ除クノ外議會自カラ行法權ノ員ヲ命ス

ルカ故ニ立法行法ノ二大權ノ間ニ殆ト權限牴觸ノ爭ヲ生スルヿ能ハサルナリ

然𪜈ジェネーブ及ヒジュリックノ二邦ニ於テハ議員任期ノ未タ終ラサル前ニ撰擧人ノ意ヲ以テ之ヲ罷ムルヿヲ得

バール、カムパンギュ半邦ニ於テハ公ケノ集會ニ於テ暗投票ヲ以テ評決シ出席撰擧人多數ノ同意ヲ以テ議會《ランドラッツ》全部ノ更撰ヲ請願スルトキハ例外ニ全部ノ更撰ヲ行フヿヲ得但其撰擧人ノ人員ハ少クモ千五百人タルヿヲ要ス（此半邦ノ人口ハ大約五万四千人ナリ）

アルゴビー邦ニ於テハ撰擧人六千人ヨリ（該邦ノ人口ハ殆ト二十万人アリ）請願書ヲ出シ大議會《グラン、コンセユ》ノ解散ヲ欲スル意ヲ表スルトキハ行法權ニ於テ必ス其議ヲ區會議《アッサンブレー、ド、セルクル》ニ付セサルヲ

得ス而シテ該會議ニ於テ之ヲ決定ス此場合ニ於テハ其新議會ハ前議會ノ未タ畢ヘサル殘リノ任期間ニ付テノミ之ヲ撰擧ス

之ヲ概言スルニ以上記述スル所ハ乃チ撰擧法ニ係ル瑞士法制ノ全體ナリ其鎖末ノ箇條ニ至テハ余輩之ヲ蒐集スルヿ能ハサリシヲ以テ之ヲ擧ケス

希臘

○沿革

希臘ハ其獨立ヲ回復シタルハ僅カニ六十五年以來ニ過キサルト雖モ既往ニ於テ已ニ憲法更改ノ度ヲ經タルヿ頗ル多シトス千八百三十二年ノ日附ニ係ル其最初ノ建國法ハ千八四十三年九月十五日ノ革命後ニ更改セラレ又千八百

立法ノ權

四十四年ニ至リ他ノ憲法ヲ以テ之ニ換ヘタリ此憲法ニ於テハ二議院ヲ設ケ其一院ハ國王ヨリ終身職ニ任スル議員ヲ以テ構成シ他ノ一院ハ大ニ制限シタル被撰權ノ條款ヲ以テ國民ヨリ撰擧スル代議士ヲ以テ構成セリ

千八百六十二年ノ革命アリテジヨウルジユ第一世王位ニ即キタルノ後新憲法ニ於テ一議會ヲ以テ從來ノ二議院ニ換ヘ且ツ自由ノ意義ニテ被撰權ノ條款ヲ更改シタリ此憲法ハ千八百六十四年九月十六日議決二十八日布告ノ日附ニ係ルモノニシテ方今猶ホ現ニ行ハルヽ所ナリ

○立法權

立法權ハ國王及ヒ一議會共同シテ之ヲ行フ

○代議士院

代議士院ノ組織

代議士院《シャムブル、デ、デピュテー》ハ各州ノ人口ニ因リテ各州間ニ配附シ一般ノ直接投撰法ヲ以テ撰擧シタル代議士百五十員ヨリ成ル

撰擧權ノ條欵

○撰擧權

總テ丁年ニ達シタル希臘國民ニシテ撰擧ヲ爲ス地ニ住シ毫モ法律ニ定ムル無能力ノ條欵ニ觸レサル者ハ皆撰擧人タルヿヲ得

被撰權ノ條欵

○被撰權

被撰人トナルニハ撰擧ヲ爲ス所ノ州ニ出生シ若クハ撰擧ノ前少クモ二年以上該州ニ住シタル希臘國民ニシテ民權政權ヲ享有シ及ヒ年齡滿三十歲以上タルヿヲ要ス

兼任制禁ノ條

○兼任ノ制禁

代議士ノ任ハ官金ヲ以テ支給スル俸給アル總テノ官職及

ヒ邑長ノ職務ト之ヲ兼任スルヿヲ得ス將校ハ代議士ニ撰ハルヽヿヲ得ルト雖モ撰擧セラレタルヤ否ヤ直チニ待命《ジスポニビリテー》ノ地位ニ置カレ其任期ノ滿チタル後ト雖モ現役《セルビツフ、アクチフ》ニ就クニ至ルマテハ仍ホ然カリトス但撰擧ノ始マル一ケ月前ニ休暇ヲ願フ將校ニハ無論五ケ月半ノ休暇ヲ與フ

總テ官金ヲ以テ支給スル俸給アル文武ノ官職ニ任セラレ若クハ其官職ニ於テ昇級シタル代議士ハ之ヲ承諾シタル日ヨリ議會ノ員タルヿヲ罷ム

○任期

代議士ノ任期ハ四ケ年ニシテ此期限ノ終リニ至リ其全員ヲ更迭ス

○撰擧

撰擧ノ制

撰擧ハ國王ノ召集ヲ待チテ爲スモノニシテ王國全管內ニ於テ同日ニ之ヲ行フ

撰擧ハ各邑ニ於テ邑長及ヒ邑官ノ指揮ヲ受ケ撰擧人各自ヨリ其票牌ヲ投票函ニ投入スルノ方法ヲ用ヒ暗投票ヲ以テ之ヲ爲ス

候補人中ノ一人投票ノ過半數ヲ得サリシトキハ本人ト本人ニ次イテ投票ノ多數ヲ得タル者トノ間ニ再投票ヲ行フ

撰擧人名簿ハ國民ノ監督ヲ受ケテ邑官之ヲ調製シ之ヲ公告シ及ヒ之ヲ改正ス但國民ハ裁判所ヘ訴出スルノ權利ヲ有ス

議院會期ノ條欵

○會期

代議士院ハ國王ヨリ豫シメ召集スルニアラサレハ毎年九

月一日ニ於テ自カラ集會ス
其每回會期ノ時間ハ少クモ三ケ月多クモ六ケ月ニ過キス一
國王ハ須要ナリト思惟スル每ニ議院ヲ召集シテ臨時會ヲ
開クヿヲ得

○解散、延期

國王ハ議院ヲ解散スルノ權ヲ有ス然𪜈之ヲ解散スル王勅
ニハ二ケ月內ニ撰擧人ヲ召集シ三ケ月內ニ新議院ヲ召集
スル旨ヲ記スルヿヲ要ス
又國王ハ議院ノ會期ヲ延期スル權ヲ有ス然𪜈其延期ハ四
十日ヲ超ユヘカラス且ツ議院ノ承諾ナクシテ同一ノ會期
間ニ再ヒ延期スルヿヲ得ス

○分限ノ審査

代議士分限ノ審査

撰擧セラレタル代議士ノ分限ヲ審査スルノ權ハ獨リ議院ニ屬ス

職員ノ撰擧

○職員

又議院ハ議長副議長及ヒ其他ノ職員ヲ撰任スルノ權ヲ有ス

代議士ノ俸給

○俸給

代議士ハ通常會期每ニ二千ドラクム〔千八百フラン〕、〔按〕凡ソ我カ三百六十圓ノ手當金ヲ受ク臨時會ノ際ニハ往返旅費ノ償還ヲ得ル權利アルノミ

代議士ノ宣誓

○宣誓

代議士ハ其職ニ就クノ前左ノ宣誓ヲ爲スヘキナリ

神聖一體ナル分離スヘカラサル三位《トリニテー》一體神ノ名ヲ以テ

基督教ノ外他宗ニ屬スル代議士ハ以上ノ例文ヲ用ユルニ及ハス予ハ本國及ヒ憲法上ノ國王ニ忠實ヲ盡シ憲法及ヒ國家ノ法律ニ從順シ且ツ誠實ニ予ノ職任ヲ盡サンヿヲ誓フ

法律起草ノ權

○法律ノ制定

法律起草ノ權ハ國王及ヒ代議士院ニ屬ス然圧代議士院ハ退隱料《パンシヨン》、俸給《トレートマン》其他總テ私益《アンテレー、プリベー》ノ目的ニ付テノ公費ノ增加ニ關スル起議《プロポシシヨン》ヲ爲スヿヲ得ス

凡テ立法權ハ、一ヨリ斥ケラレタル法律ノ議案ハ同一ノ會期中ニ再ヒ之ヲ出スヿヲ得ス

議事ノ制

○議事

會計豫筭書ヲ除クノ外何レノ議案ト雖モ各〻三日ヲ隔テ每回公評《ボツト》ヲ取リタル三回ノ討議ヲ經タル後ニアラサレハ確

的ニ之ヲ採用スルヿヲ得ス
議院ハ法ニ適シテ議事ヲ開クニハ其議員ノ半數以上集會スルヿヲ要ス又決議ハ出席議員ノ過半數ヲ以テ之ヲ取リ論議兩立スル片ハ其起議ヲ斥ク

○認可

認可及布告ノ制

法律ヲ認可シ及ヒ布告スル權ハ國王ニ屬ス總テ議院ニ於テ議決シタル後二ケ月ヲ經テ國王ノ認可ヲ受ケサル議案ハ斥ケラレタルモノト做ス

歐米各國代議法鑑第一卷終

明治十五年九月廿五日版權免許
明治十五年十月十五日出版

定價金四十五錢

譯者　廣島縣平民　米田精
四ッ谷區左門町七十二番地

出版者　東京府平民
幹事　三宅虎太
京橋區竹川町十九番地寓

刊行所　東京京橋區竹川町十九番地
自由出版會社

諸國

大坂東區北久太郎町四丁目　柳原喜兵衛
京都河原町通二條下貳丁目　大黑屋太郎右衛門
上總國市原郡磯ヶ谷村　內藤幸七
同國大多喜　本吉隣
同國望陀郡木更津村　松本四郎
下總國香取郡佐原　正文堂　朝野利兵衛
同國北相馬郡取手宿　阪本泰助
同國八日市場本町　開盛堂
同國小見川驛　高岡太助
武州八王子八日市　高島悳藏
豆州賀茂郡松崎　博文堂　內田桂兵衛

同盟

常陸國石岡街　高野清助

同國新治郡土浦田宿町　茨城新聞社支局　柳旦堂　柳澤平右衛門

同國多賀郡神岡下町　吉川忠章

遠江國濱松驛　白木健次郎

大和國添上郡奈良今辻子町　閼伽井純

紀伊國和歌山區本町　平井文助

同國同區　津田源兵衛

越中高岡　國本吉左衛門

同　開文堂　水野義三郎

陸前國栗原郡若柳中村　佐々木德右衛門

同國礪波郡福光横町　清水清右工門

書肆

陸奥國津輕郡黒石上町　岡崎春次郎
筑前國福岡橋口町　山崎登
筑後國久留米三本松町　古川浩
同國同所同町　赤司平輔
越後國南蒲原郡加茂町　關治策
丹波國天田郡福知山呉服町　文進堂
長門國赤馬關區赤間町　内田吉三郎
土佐種崎町　澤本駒吉
薩州鹿兒嶋松山通中町　池田保輔
同　朝日通　藤井三代次

府下同盟書肆ノ儀ハ取調中ニ付次回ヨリ之ヲ載ス

○第一回出版書

英國トッド著
日本尾崎行雄譯

英國議院政治論

原名パーレメンタリー、ガヴァメント　全十冊

内

内閣更迭史

一冊百七十五ページ
定價金五十五錢
社員賣渡金貳拾七錢五厘

内閣會議篇

一冊三百十八ページ
定價金壹圓貳拾錢
社員賣渡金六十錢

至尊 一名 王室篇

一冊百卅八ページ
定價金四十五錢
社員賣渡金貳拾貳錢五厘

英國ベンサム著
日本藤田四郎譯

政治眞論 一名 主權辨妄　全

一冊百九十二ページ
定價金七拾錢
社員賣渡金三十五錢

第一卷 內 白耳義、嗹馬、西班牙、佛蘭西、瑞士、希臘之部

英國魯的斯列著
日本青木匡譯

政法原論 全四卷內第一卷

一册百廿六ページ
定價金四十五錢
社員賣渡金二拾二錢五厘

佛國那計阿爾布禮著
日本奥宮健之譯

共和原理 上下二卷內上卷

一册百廿ページ
定價四十五錢
社員賣渡金廿二錢五厘

藤田四郎著

歐米政黨沿革史 全五册

一册三百十四ページ
定價金壹圓
社員賣渡金五拾錢

內

總論

一册二百ページ
定價金八十五錢
社員賣渡金四拾貳錢五厘

英國 バックル 著
日本 土居光華 漆間眞學 合譯

自由之理評論 全

以上竣功

一冊二百ページ
定價金七十錢
社員賣渡金三十五錢

書籍增摺稟告

本社第一回第二回ノ出版書籍共遠國等ヨリハ預約期ニ後レ購求申込ノ諸君夥多ニシテ且逐篇出版ノ書籍モ有之ガ爲メ今後入社預約申込ノ仁ニシテ前篇引續キ購求セラレサル片ハ之ヲ遺憾トセラルヽナルヘシ因テ今回更ニ增摺シ本社ヘ入社スル仁ニシテ前回ノ書籍ヲ購求セント望マルヽ仁ニハ社員賣渡金ノ一割增ニテ賣渡スベシ

(一割增トセハ第一回ノ書籍五冊ノ代一圓八十錢ノ處一圓九十八錢即チ十八錢高〇又同第二回ノ書籍六冊ノ代一圓九十五錢ノ處二圓十四錢五厘即チ十九錢五厘高トナル)

明治十五年十月

東京京橋區竹川町十九番地
自由出版會社

佛國沙爾奔尼原著
日本米田　精譯

歐米各國代議法鑑　第二卷

明治十六年三月印行

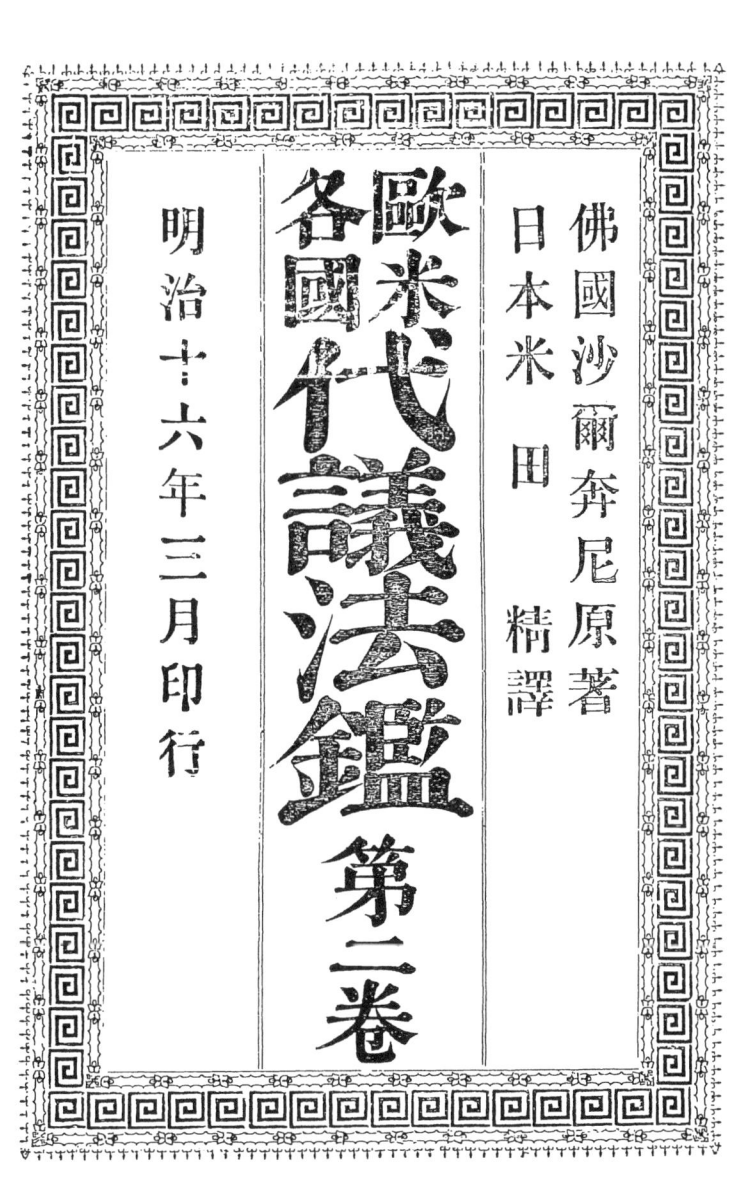

歐米各國代議法鑑第二卷

佛國 沙爾奔尼 著
日本 米田精 譯

日耳曼帝國

○沿革

撰立ノ君主《スーブラン、エレクチーフ》ヲ奉スル日耳曼帝國ハ近世歐羅巴諸聯邦中ノ最モ古キモノナルハ固ヨリ確實ニシテ其建國ハシャールマンギュ帝ノ後裔ガ其跡ヲ絶チシ時代タル紀元九百十一年ニ係レリ

皇帝ヲ撰立スルノ權ヲ有スル撰擧侯《エレクトウル》ハ獨乙全土内諸部ノ領主ニシテ即チ王、公《ロワージュク》、マルクグラッフェン、ランドグラッフェン、ビュルラッフェン、ライングラッフェン〔按〕皆爵名ナリキ

千二百七十三年ハブスブルグ家ロドルフ第一世ノ帝位ニ登リタル時ニ當リテ皇帝ヲ撰立スルノ權ヲ有スル撰擧侯ノ八員ヲ七員ニ減シタリ其内三員ハ僧官ナリキ即チボヘーム王、サックス公、ライン侯、ブランデブルグ伯、コローギユ大教長、マインス大教長及ヒトレーブ大教長是レナリ千三百五十六年査理第四世帝ノ布告シタル金璽《ビユールトウール》ノ詔勅ニテ聯邦ノ制度ヲ大成シ議院ヲ分ツテ撰擧侯院〔按皇帝ヲ撰立スル權ヲ有セシ領主ノ會スル議院〕諸侯院〔按諸侯ノ會スル議院〕及ヒ都府院〔按府民ノ會スル議院〕ノ三院ト爲シタリ

千五百十二年帝國ヲ分ツテ十圓區《セルクル》ト爲シ其後帝權ヲ鞏固ニスル爲メ最上法院《コンセイユ　ヂーリツク》ヲ設ケタリ

千六百四十八年バビエール公ハ帝位更撰ノ時ニ當テ撰擧

スルノ權テ許サレ叉千六百九十二年ハノーブル公ニモ同シク撰擧ノ權ヲ與ヘタリ日耳曼舊羅馬帝國ノ末世ニ當テ聯邦一般ノ議會タル日耳曼國會ハヲートリッシュバビエール、スアーブ、フランコニー、バッス、サックス、テート、サックス、ウエストハリー、ヲート、ラン、及ヒバーランノ九圜區《セルクル》ヲ代理シタリキ千八百六年ニ於テ那破翁第一世、日耳曼舊聯邦ノ制度ヲ顛覆シウヰルテンベルグ、サックス、バビエール及ヒウエストハリーヲ立テヽ王國ト爲シタリ又新ニ萊尼聯邦ヲ設ケタル同年七月十二日ノ條例ハ極メテ秘密ニ成リタルモノニシテ之レニ因リバビエール王、ウヰルテンベルク王、バーデン大公、マインス大歛長、ヘッセン大公ナソウ、ユシンゲン侯、ナッウヴ、ウエールビニルグ侯、サルム、サルム侯、サルム、キリビュルグ侯、イサム

ビュルグ、ビルステン侯、アラムベルグ公、リクスタンステン侯及ヒライヤン伯ハ永久日耳曼帝國ヨリ分離シタリ
是等ノ諸領主ハ佛國ノ保護ヲ受ケテ特別ノ聯邦同盟ヲ結ヒ以テ新條約ニ定メシ如ク互ニ自家ノ領地及ヒ權利ノ完全ヲ保固シタリ而シテ佛蘭西皇帝ヲ以テ此聯邦ノ盟主ニ任シ其公益ハフランクホ－ルニ開會スル議會ニ於テ之ヲ議定スヘキト定メタリ
其聯盟諸邦ニ係ル大陸ノ戰爭ハ萊尼聯邦ノ諸部相共ニ之ヲ防禦スルコトトナリテ其各部ヨリ出スヘキ徵兵ノ人員ヲバ嚴密ニ定メタリ
日耳曼皇帝ハ此千八百六年七月十二日ノ條例ヲ認可セサルヲ得スシテ遂ニ其日耳曼皇帝ノ稱號ヲ廢シテ澳地利皇

帝ノ名稱ニ換ヘ以テ西方帝國《アムピールドクシダン》ノ跡ヲ全ク絶チタルハ乃チ
此時ニアリキ
其後千八百十五年ノ條約ニ由テ日耳曼聯邦ノ制ヲ改正シ
ハノーブルヲ以テ王國ト爲シウェストハリーノ王國ヲ廢シ
又諸邦全權員ノ會議ヲ開キテ日耳曼內諸領主及ヒ自由諸
都府ノ間永久解クヘカラサル國際同盟《ユニヲン、アンテルナシヨナール》ヲ再興シタリ
此新組織ハ千八百四十八年ニ至リ同年五月十五日フラン
クホール、シュル、ル、マインノ「サン、ポール」寺院ニ集會シタル議
會ニ於テ擾亂セラレ當時假リノ中央權ヲ設ルノ說行ハレ
又其翌年三月二十八日更ニ世襲皇帝ヲ日耳曼ノ首領ニ置
キシ條則ヲ加ヘタリシガ其後其準備全ク崩レテ遂ニ再ヒ
千八百十五年及ヒ千八百二十年ノ基礎ニ復シタリ

舊日耳曼聯邦ノ瓦解シタルハ普國墺國ニ對シテ戰勝ヲ得タルノ後ニシテ千八百六十六年八月二十四日ヲーグスブルグニ於テ日耳曼聯邦ノ殘邦自カラ其瓦解ヲ公認シタリ尋イテ北獨乙聯邦ヲ興シテ舊日耳曼聯邦ニ代ハリ南部ノ諸邦ト軍事及ヒ關税上ノ同盟ヲ結ヒタリ此新聯邦ノ憲法ハ乃チ千八百六十七年四月十七日伯耳林府ニ開キタル聯邦國會ニ於テ之ヲ制定シタリ

其後三年ヲ經テ日耳曼同盟軍ノ佛蘭西ニ對シ大戰勝ヲ得タルニ因リ遂ニ國ノ統一ヲ確立スルニ至リタリバビエール王ノ發議ニ因テ南部ノ諸邦ハ從來之ヲ北聯邦ニ結合セシ所ノ國際同盟《ユニチン、アンテルナシヨナール》ヲ改メテ聯邦同盟《ユニチン、フエデラール》ニ加ハリ又聯邦國會ニ於テ否トスル公評六個ニ對シ可トスル公評百八十八個ノ多數ヲ以テ聯邦ノ名ヲ廢シテ帝國ト改メ而シテ千八百七十一年一月一日ニ於テ維廉第一世ハベルザイユ宮殿ノ玻璃廓ニ集會シタル新帝國諸邦ノ代議士ヨリ日耳曼皇帝ノ位ニ推薦セラレタリ

現今日耳曼帝國ノ憲法ハ帝國議會ニ於テ許可シヘッセンバーデン、バビエール及ヒウヰルテンベルグニ於テ承認シタルモノニシテ千八百七十一年一月一日ヨリ之ヲ施行セリ此憲法ハ千八百六十七年四月十七日ノ聯邦憲法ヲ再出シ少シク之ヲ更改シタルニ過キサルモノトス

○立法權

日耳曼帝國ノ立法權ハ聯邦議會《ブンデスラート》〔按上院〕及ヒ帝國議會《ライクスターグ》〔按下院〕共同シテ之ヲ行フ、聯邦議會ハ日耳曼諸政府ノ委員ヲ以テ成

法律制定ノ條款

リ帝國議會ハ日耳曼人民ノ代議士ヲ以テ成ル

○法律ノ制定

本來皇帝ハ立法權《プーボワール、レジスラチーフ》ヲ行フニアラス行法權《プー・ボワール、エキゼキュチーフ》ノ首長トシテ法律ノ布告ヲ任ス然ﾄﾓ毫モ認可權《サンクション》幷ニ不認可權《ベトッ》ヲ有セス〔按〕皇帝ハ認可權及ヒ不認可權ヲ有セスト雖ﾄﾓ普魯士王ノ資格ヲ以テハ聯邦議會ニ於テ其承諾セサル所ノ法律ノ採用ヲ妨ル爲メ十分ニ勢力アリトス

帝國ノ法律ヲ制定スルニハ聯邦議會《ブンデスラート》及ヒ帝國議會《ライクスターグ》ノ多數ノ諧同ヲ以テ足レリトス然ﾄﾓ陸海軍若クハ消費稅〔按〕消費物ニ課スル諸稅ニ係ル議案ニ關シ論議兩立スル塲合ニ於テハ盟主即チ皇帝ノ意見現行ノ規則ヲ保持スルニアルﾄｷﾊ皇帝ノ意見ヲ以テ之ヲ決ス

○聯邦議會

聯邦議會ノ組織

聯邦議會《ブンデスラート》ハ前ニ之ヲ述タルガ如ク殆ト人口ノ數ニ均シキ比例ニテ出セル日耳曼諸政府ノ全權委員ヲ以テ之ヲ構成ス發言權《ボワー》ノ總數ハ五十八個ニシテ毎邦各〻其發言權ヲ有スル數ニ應シテ委員ヲ出スノ權ヲ有ス然ドモ同邦諸委員ノ發言ハ皆一定ノ意義ヲ以テスルノ外之ヲ爲スコトヲ得ス故ニ普魯士ハ十七個ノ發言權ヲ有スト雖ドモ唯一名ノ委員ノミヲ聯邦議會ニ出スコトヲ得然ルトキハ該委員ノ發言ハ之ヲ十七個ノ發言トシテ計算スヘキナリ然ドモ若シ普魯士ヨリ數名ノ委員ヲ出ストキハ其委員中甲者ハ此ノ意義ヲ以テ發言シ乙者ハ彼ノ意義ヲ以テ發言スルコトヲ得ス必ス其十七個ノ發言ヲ一定ニ爲スヘキコトヲ要ス

○撰任ノ法

聯邦議會員撰任ノ制

聯邦議會《ブンデスラート》員ハ帝國ヲ組成スル所ノ諸邦ヨリ直チニ出ルモノニシテ其各自ノ政府ヨリ之ヲ撰任ス適當ニ之ヲ言ヘバ該員ハ乃チ外交官《アジヤン、ジプロマチック》トス

○議長職會期

聯邦議會ノ議長職及ヒ會期

聯邦議會ノ議長職ハ皇帝ヨリ任スル所ノ帝國大宰相之レニ就ク聯邦議會ハ常ニ帝國議會《ライクスターグ》ト同時ニ開會ス然ヒ獨リ聯邦議會ノミ開會スルヿヲ得又皇帝ハ議員三分ノ一若クハ寧ロ其三分ノ一ニ當レル公許ヲ以テ之ヲ請求スル片ハ必ス聯邦議會ヲ召集スヘキナリ

○職權

聯邦議會ノ職權

聯邦議會ノ職權《アツトリビユシヨン》ハ帝國議會ニ下附スヘキ法律ノ議案及ヒ帝國議會ニ於テ取リタル決定ニ就キ幷ニ法律ヲ施行スル

兼任制禁ノ條款

為メ必要ナル行政處分及ヒ其法律ヲ施行スルニ當テ現出スル所ノ瑕缺等ニ就テ討議評決スルニ在リ〔按〕聯邦議會ノ各議員ハ法律起草ノ權ヲ有ス該議會ノ決議ハ唯出席議員ノ多數ヲ以テ之ヲ取ル且ツ憲法ニ從ヒ全帝國ニ共通セリル所ノ事務ニ關スル片ハ其關係アル諸邦ノ代議員ノミ公評ニ關與ス

聯邦議會ノ各員ハ帝國議會ニ參列スルノ權幷ニ帝國議會ニ於テ其各自政府ノ意見ヲ主張スル為メ發言ヲ求ムル毎ニ其說ヲ陳ルノ權ヲ有ス但聯邦議會ニ於テ該政府ノ意見ニ反シテ議決シタル片ト雖圧仍ホ然カリ

○兼任ノ制禁

聯邦議會員ノ職務ハ帝國議會代議士ノ職務ト之ヲ兼任スルヿヲ得ス

○常設委員

常設委員ノ制

聯邦議會ハ帝國ノ諸大事務（按）第一、陸軍及ヒ城塞事務、第二、海軍事務、第三輸出入税及ヒ租税事務、第四、交易及ヒ交際事務、第五、鐵道郵便電信事務、第六、司法事務、第七、會計事務、第八、外國事務是レナリニ應シテ八個ノ常設委員《コミテーペルマナント》ニ分チ各〻少クモ四邦ノ代議員ト議長ノ代理一員トヲ以テ之ヲ組織ス

○外務委員ハ特ニ巴威也拉《バビエール》、薩克議《サックス》及ヒ瓦敦堡《ヴヰルテンベルグ》三王國ノ代議員ト毎年聯邦議會ニ於テ撰任スル他邦ノ代議員中ノ二員トヲ以テ之ヲ組織ス但此委員ノ上席權《プレジダンス》ハ巴威也拉ニ屬ス

憲法第八條

○帝國議會

帝國議會ノ組織

帝國議會《ライクスターグ》ハ人口十万ニ付キ代議士一員ノ比例ヲ以テ撰出スル日耳曼全國民ノ代議士ヨリ成ル但人口五万以上モ亦同シク代議士一員ヲ出スノ權アリ

代議士配附ノ制

此比例ニ從ヒ帝國議會ハ左ノ如ク配附セル三百九十六員ノ代議士ヲ以テ之ヲ構成ス即チ普魯士《フロイス》二百三十五員、巴威《バヒビ》也拉《エール》四十八員、薩克斯《サツクス》二十三員、瓦敦堡《ウヰルテンベルク》十七員、アルサース及ヒロレイヌ十五員、バーデン十四員、ヘッセン九員、メクレムブルグ、シュウェリイン六員、サックス、ウアイマール三員、チルデンブルグ三員、ブリュンスウヰク三員、ハンブルグ三員、サックス、マイニンゲン二員、サックス、コーブルグゴータ二員、アンハルト二員、シウアルツブルグ、ルードルスタット一員ウァルデック一員、メクレムブルグ、ストレリッツ一員、サックス、アルテンブルグ一員リッペ一員、シウアルツブルグ、ソンデルスホウセン一員、ロイス(兄統)一員、ロイス(弟統)一員、ローエンブルグ一員、リュベック一員、ブレーム一員

代議士撰擧ノ制

撰擧權ノ條欵

被撰權ノ條欵

○撰擧ノ方法

帝國議會代議士ハ一般ノ直接投撰法《シュフラージュ、ユニベルセール、ジレクト》ヲ以テ暗投票《スクリュタン、セクレー》ヲ用ヒ之ヲ撰擧ス

○撰擧權

投撰ノ權《ドロワー、ド、ボツト》ハ總テ年齡二十五歳以上ニシテ日耳曼ニ住シ及ヒ民權政權ヲ享有スル日耳曼人ニ其本住ノ地《ドミシール、レール》ニ於テ屬ス然𪜈服役中ノ兵卒ニハ此權ヲ停止ス

○被撰權

被撰權《エリジビリテー》ノ條欵ハ撰擧權《エレクトラー》ノ條欵ト同一トス

撰擧人及ヒ被撰人共ニ毫モ撰擧定税《サンス、エレクトラール》ノ條欵ヲ要セス且ツ住居時間ノ條欵ヲモ要スルコナシ

○任期

代議士ノ任期

帝國議會ハ三年毎ニ全ク之ヲ更撰ス又該會ハ皇帝ノ許可シタル聯邦議會ノ決議ニ由ルニアラサレハ之ヲ解散スルヿヲ得ス

帝國議會ヲ解散シタル場合ニ於テハ其解散ヨリ六十日以内ニ撰擧人ヲ召集シ九十日以内ニ新議會ヲ召集スルヿヲ要ス

代議士ノ俸給

○俸給

帝國議會員ハ償酬ヲ受ルヿナシ、該議會員ハ侵スヘカラサルモノトス〔按〕議場《アムダンニテー》ニ於テ發シタル言論ノ爲メニ糾治セラルヽヿナク又開會時限ノ間本院ノ許可ナクシテ刑法ニ觸ルヽ事犯ノ爲メニ勾捕審糾セラルヽヿナシ

兼任ノ制禁

○兼任ノ制禁

帝國議會代議士ノ任ハ聯邦議會全權委員ノ職務ト之ヲ兼

撰擧人名簿ニ關スル諸則

任スヘカラサルノ外他ニ之ヲ兼任スヘカラサル制禁ナシ總テ官吏ハ代議士ニ撰マルヽヿヲ得且ツ帝國議會ニ赴ク爲メ離職《コンゼー》免許ヲ受ルニ及ハス然ㇳ若シ其任期中ニ昇進スルトハ改メテ撰擧ヲ受ルヿヲ要ス此規則ハ撰擧セラレタル後ニ俸給アル職務ヲ承諾シタル代議士ニ付テモ亦同シ

帝國議會員ハ日耳曼人民ノ一般ヲ代理スルモノニシテ毫モ特別ノ委任若クハ敎令ヲ以テ拘束セラルヽヿナシ

○撰擧人名簿

撰擧大區《シルコンスクリプシヨン、エレクトラール》ハ法律ヲ以テ之ヲ定ム

撰擧人名簿《リスト、エレクトラール》ハ邑官、伊呂波ノ順序ヲ以テ二通ニ之ヲ調製ス

各撰擧小區《セクシヨン、エレクトラール》ハ成ルヘク邑ノ區畫ニ應シテ定ムルモノニシテ毎區各〻別段ノ撰擧人名簿ヲ有ス又大ナル諸邑ハ之ヲ分

ツテ人口三千五百ヲ超ユヘカラザル數小區ト爲ス每年邑官ヨリ定メタル時期ニ於テ八日間撰擧人名簿ヲ邑廳ニ出シ置キ各撰擧人ハ之ヲ閲覽シ及ヒ之レニ關シテ自已ノ請《レクラマ》求《ション》ヲ爲スヿヲ得

邑長ハ其請求ヲ理アリトスル片ハ直チニ改正ヲ行ハシメ然ラサレハ之ヲ司法官ニ移シ司法官三週間以內ニ之ヲ裁決スヘキナリ其司法官ノ理由ヲ陳タル裁決書ヲバ撰擧人名簿ニ登錄ス

改正シタル撰擧人名簿ハ二十二日間出示シタル後ニ之ヲ完結シ而シテ本年中何人ノ姓名ヲモ之ニ加フルヿヲ許サス

撰擧ノ時ニ方テ撰擧人名簿二通中ノ一通ハ撰擧事務局長

撰擧ニ關スル諸則

ニ渡シ他ノ一通ハ邑廳ニ留存ス

○撰擧

撰擧ハ皇帝ヨリ定メタル日ニ帝國全管內ニ於テ之ヲ行フ但午前十時ニ始マリ午後六時ニ終ルモノトス

每小區ニ於テ邑官ヨリ撰擧事務局長ヲ撰任シ該局長ヨリ書記及ヒ輔佐役《アツセソール》ヲ撰任ス其人員ハ三員ヨリ六員マテトス

總テ事務局員ハ政府ノ官吏中ヨリ取ルコヲ得ス又該員ハ毫モ償酬ヲ受ルコナシ

撰擧ハ邑ノ會堂ニ於テ之ヲ爲シ若クハ邑官ヨリ指定シタル場所ニ於テ之ヲ爲ス局員ノ列スヘキ机ハ其周圍ニ近ツクヲ得ル方法ニ設置シ其中央ニ於テ票牌《ビユルタン》ヲ受ルニ供スル閉鎖セル投票函《ボイート》ヲ安置ス

投票ノ開披ニ

投票室ニハ撰擧法ヲ掲示ス但該室ニ於テハ毫モ討論議決ヲ為スコトヲ得ス且ツ談話ヲモ為スコトヲ許サス
各撰擧人ハ其票牌ヲ局長ニ渡シ局長本人ノ面前ニ於テ之ヲ投票函ニ投入ス
總テ票牌ハ白紙ニ記セサルカ又ハ表記アルカ若クハ其記載スル所ヲ讀ミ得ヘカラサル方法ニ折ラザル片ハ之ヲ拒斥ス
票牌ヲ受取ルニ應シテ書記、撰擧人名簿上、該投票者ノ姓名ヘ打点シテ之ヲ記ス但名代ヲ以テ投票ヲ為スコトヲ許サス」
午後六時ニ於テ局長ヨリ投票ノ閉鎖ヲ宣告ス

○投票ノ開披

投票ノ開披《ヂブイーニマン、デポツト》ハ其閉鎖後直チニ高聲ヲ擧ケ公ケニ之ヲ為ス、総テ白紙ニ記セサル票牌、記號ヲ附シタル票牌、讀ミ難ク若クハ解シ難キ票牌、二人以上ノ姓名若クハ被撰權ヲ有セサル者ノ姓名ヲ記シタル票牌及ヒ或ル約束若クハ條欵ヲ記入シタル票牌ハ皆無効ノモノト宣告シ而シテ番號ヲ附シ之ヲ調書ニ綴附ス是等ノ票牌ハ總テ投票ノ結果ニ算入セス

撰擧ノ調書ハ悉ク撰擧大區ノ事務局ニ送致シ該局ニ於テ撰擧ノ三日後ニ諸小區投票ノ結果ヲ合シテ廣告シ及ヒ投票ノ過半數ヲ得タル候補人ノ代議士ニ撰マレタルヿヲ公布ス

總テ撰擧ノ書類ハ之ヲ帝國議會ニ呈出ス但代議士分限《プーボワール》ノ審査ヲ行フ權ハ獨リ該議會ニ屬ス

再投票ノ條欵

○再投票

第一回ノ投票ニ於テ過半數ヲ得タル者ナカリシトキハ十五日以内ニ投票ノ最多數ヲ得タル候補人《カンジダー》二名ノ間ニ就テ再《バロ》投票《タージユ》ヲ行フ其撰擧人召集ノ布令ニハ候補人ノ名ヲ指定シ且ツ豫シメ其他ノ姓名ヲ記スル票牌ハ皆無効ナリト廣告ス但第二回ノ投票ニ於テ票數相均シキトキハ其二名ノ候補人ノ間ニテ抽籤ヲ以テ之ヲ決ス

候補人撰擧ヲ承諾セサルカ若クハ帝國議會ニ於テ撰擧ヲ廢棄シタルトキハ改メテ撰擧ヲ行フ

以上記述スル所ノモノハ日曼耳全帝國ニ共通スル制度ニ係ルノミ其他日耳曼各邦ニ於テハ各〻固有ノ法制。特別ノ撰擧法アリ左ニ逐次之ヲ開陳スヘシ

譯者曰ク原書ニハ日耳曼各邦ノ制度ヲ悉ク開

列セリト雖ﾄﾓ其内四王國ノ法制ノミヲ採譯シ餘ハ暫ク之ヲ措ク

然ﾄﾓ撰擧上ノ法制ニ關シテハ帝國議會《ライクスターー》ノ構成ニ付テ採用シタル所ノ原則ヲ總テ各邦議會《ジエート、パルチキユリエール》ノ構成ニ及ホスニ至ルヘキ時機及ヒ日耳曼諸邦ノ大半ニ於テ今日猶ホ撰擧權ヲ制限スル所ノ諸程式ヲ廢シテ總テ一般投撰法ヲ適用スルニ至ルヘキ時機ノ來ルヲ今日ヨリ豫見スルヲ得ヘキナリ

普魯士

○沿革

普魯士ニ於テハ中古ヨリ議院ニ於テ國政ニ參與シ大ニ權

勢ヲ有セシガ王權速ニ之レニ代リテ多年問擅制政治ヲ施シタリ此國ニ於テ四部《チルドル》ニ分チタル州議會《エター、プロバンシナー》ヲ開設シ以テ幾分ノ立憲主義ヲ准許シタルヲ見ルハ漸ク千八百二十三年ニアリ其後千八百四十二年ニ於テ人民ノ撰擧ニ出テタル州委員會ニ若干ノ參政職權ヲ與ヘタリト雖モ唯商議ニ參スルノ名義ヲ以テシタルノミ最後ニ千八百四十七年ニ於テ初メテ諸州ノ代議員ヲ以テ組織シタル聯合議會《ジエート、レツニー》ヲ伯耳林府ニ召集シタリ○千八百四十八年ノ政變ニ因リ更ニ此議會ノ集會ヲ促シタリシガ該會ハ之レニ起草ヲ委任セラレタル所ノ憲法草案ヲ終ハラザル前同年十二月五日ニ解散セラレタリ

此時ニ當テ國王ヨリ更ニ憲法及ヒ撰擧法ヲ出シ翌年之ヲ

議會ノ修正ニ附シタリシガ該會モ亦同シク其修正ノ事業ヲ完了セザル前ニ解散セラレ而シテ同年五月三十日更ニ國王ヨリ撰擧法ヲ出シ此法ニ依テ撰マレタル議院國王ト共同シテ千八百五十年一月三十一日ノ修正憲法ヲ議定シタリ之ヲ普國公法ノ基礎トナス

立法ノ權

○立法權

立法權ハ國王及ヒ國會《ランドタグ》共同シテ之ヲ行フ國會ハ貴族院《シャムブル、デ、セイギユール》及ヒ代議士院《シャムブル、デ、デピユテー》ノ兩院ヲ以テ成ル千八百五十年一月三十一日ノ憲法

貴族院ノ組織

貴族院

貴族院《シャムブルデ、セイギユール》ハ王勅ヲ以テ之ヲ構成ス該王勅ハ兩院ノ諧同ヲ經タル法律ニ由ルニアラサレハ之ヲ更改スルコヲ得ス千八百五十三年五月七日ノ法律

貴族院ハ左ノ諸員ヲ以テ成ル千八百五十四年十月十二日ノ王勅

一王族但成年ニ達シタル片國王ヨリ命シテ該院ニ列セシム

二世襲議員

三國王ヨリ任命スル議員

世襲議員ノ條欵

○世襲議員

世襲議員《マムブル、ヘレジテール》ハホヘンツルレン、ヘシンゲン家及ヒホヘンツルレン、シグマリンゲン家ノ戸主、帝國ニ隷屬セシ舊君主家ノ戸主、千八百四十七年二月三日ノ王勅ニ因リ貴族部《クラツスセイギユウリアール》ノ員トシテ聯合議會《ジエート、レツニー》ニ參列セシメタル門閥家ノ戸主及ヒ特別ノ規則ヲ以テ設ケタル世襲權ヲ移サレタル國民是レナリ

○終身議員

終身議員ノ條欵

國王ヨリ終身間任命スル議員ハ左ニ列記スル所ノ種族又ハ公會ヨリ推薦セル候補人ノ中ニ就テノミ之ヲ撰任スルヿヲ得

一千八百四十七年二月三日ノ王勅ニ因テ議會ニ參列スルヲ得セシメタル貴族部ノ諸員

二州內ニ於テ采地ヲ有スル伯爵族

三國王ヨリ推薦ノ權ヲ授ケラレタル豪族

四往時要害ヲ設ケタル土地ヲ所有スル舊家

五大學校

六推薦ノ權ヲ准許セラレタル都府

一般ノ條欵

〇一般ノ條欵

貴族院ニ參列スルヲ得ンニハ右ニ揭載シタル諸條欵ノ外

代議士院ノ組織

普魯士國民タルヿ普魯士ニ於テ本住ヲ有スルヿ及ヒ年齢三十歳以上タルヿヲ要ス

此規則ハ王族ニハ之ヲ適用セス王族ハ成年ニ達スレハ乃チ貴族院ニ參列スルヿヲ得

身分《カリテー》ニ由リテ推薦セラレタル議員ハ其身分ヲ失フタル𪜈ハ乃チ貴族院ノ員タルヿヲ罷ム

○俸給

貴族院議員ハ定員ナシ其職務ハ全ク無給トス

○代議士院

代議士院《シヤムブル、デ、デピユテ》ハ重複投撰法《ースクリユタン、ア、ヅー、ドグレー》ヲ以テ撰擧スル議員三百五十二員ヲ以テ之ヲ搆成ス

其議員ハ法律ヲ以ヲ之ヲ諸撰擧區ニ配附ス

撰擧權ノ條欵

撰擧權ヲ失フ條欵

○撰擧權

總テ年齡滿二十歲以上ニシテ民權政權ヲ享有シ及ヒ自由ニ自己ノ財產ヲ使用スルノ權ヲ有シ幷ニ撰擧ヲ行フ所ノ邑內ニ六ヶ月以上住シタル普魯士人ハ皆初級撰擧人トス

○無能力

撰擧人上ニ記述シタル條欵中ノ一ヲ欠キタレバ乃チ撰擧權ヲ失フ

家資分散中幷ニ裁判所ニ於テ民權及ヒ政權ヲ失フヘキ重罪又ハ輕罪ニ關シテ豫審ヲ爲シ若クハ未決監禁ヲ命シタルトキ其豫審中ハ撰擧權ヲ停止ス

被雇人及ヒ特ニ公共ノ施濟《シヤリテー、ピユブリック》ニ依テ生活スル貧民ハ投撰ノ權ヲ失フ

普魯土國ニ歸化シ且ツ上ニ掲目シタル條款ヲ具備スル外國人ハ其來住ノ日ヨリ三年ヲ經テ撰擧權ヲ行フヿヲ得

○撰擧人ノ配附

總テ撰擧人ハ毫モ撰擧定稅《サンス、エレクトラール》ノ條欵ニ從ハシメス然𪜈其納ルヽ所ノ直稅ノ額ニ從ヒ分ツテ三部《トロワ、クラツス》ト爲ス

第一部ハ撰擧區內總テノ撰擧人ヨリ納ルヘキ租稅全數ノ三分一ヲ得ルニ至ルマテ最多額ノ稅ヲ納ルヽ者ヲ包含ス

第二部ハ次等ノ稅額ヲ納ルヽ者ヲ包含シ同シク撰擧區內納租額全數ノ三分一ヲ得ルニ至ル

第三部ハ下等ノ稅額ヲ納ルヽ者及ヒ毫モ租稅ヲ納レザル者ヲ包含ス

初級撰擧ニ關スル諸則

每部各〻本撰擧區ニ屬スル上級撰擧人全員ノ三分一ヲ撰擧ス其上級撰擧人ノ人員ハ人口二百五十ニ付キ一人ノ比例ヲ以テ之ヲ計算ス

○初級撰擧

每部ヨリ撰任スル上級撰擧人ハ總テ本撰擧區貫屬ノ者ノ中ニ之ヲ取リ本人ノ加ハレル分部《クラツス》ニ拘ハルコナシ

每部各別ニ上級撰擧人ヲ撰フヲ原則トス然モ數部合シテ撰擧會ヲ開クコヲ得但初級撰擧人五百員ヲ踰ヘザルコヲ要ス

上級撰擧人ニ付テハ毫モ別段ニ年齡、撰擧定税若クハ住居ノ條欵ヲ要セス唯初級撰擧權ヲ有スルヲ以テ足レリトス」

每撰擧區ニ於テ上級撰擧人ノ撰擧ハ政府ヨリ命シタル特《リア》

上級撰擧ニ關スル諸則

別委員《ール、コミセール》之ヲ管理ス此撰擧ハ左ノ方法ヲ以テ之ヲ為ス
撰擧人名簿ニ登錄セル順序ニ從ヒ撰擧事務局ヨリ其名ヲ呼ハレタル各人ハ其撰ブ所ノ候補人ノ姓名ヲ高聲ニ陳述ス○其陳述ヲバ直チニ本人ノ姓名ト共ニ別段ノ簿冊ニ登記シ其簿冊ハ撰擧ノ調書ニ添附ス

名代ヲ以テ撰擧ヲ為スヿハ之ヲ許サス

法律ニ於テ撰擧ノ有効ナルカ為メニ撰擧人ノ多數召集ニ應セシヿヲ要セス

○上級撰擧

上級撰擧人ハ本撰擧區ノ首府ニ集會シ初級撰擧ニ付テ用ユル所ト同一ノ式ヲ用ヒ即チ高聲ニ陳述シテ代議士ノ撰擧ヲ行フ

其撰擧ノ効力ヲ有センニハ上級撰擧人三分ノ二之レニ加ハリシコトヲ要ス又代議士ニ撰マレタル候補人ハ過半數ヲ具備スルコトヲ要ス

公撰ヲ終リタレバ直チニ管轄官、撰擧ノ調書ヲ作リ其調書幷ニ之レニ添ユル所ノ一切ノ書類ヲ代議士院ニ送付ス但該院獨リ其議員分限《プーボワール》ノ法ニ適スルヤ否ヤヲ審査スルノ權ヲ有ス

代議士被撰權ノ條欵

○被撰擧

總テ年齢滿三十歳以上ニシテ公權《ドロワー、シビック》ヲ失フヘキ處刑宣告ヲ受ケシコトナク且ツ三年間法律ニ從フテ兵役ニ服シタル普魯士國民ハ皆代議士ニ撰マルヽコトヲ得

○兼任ノ制禁

兼任制禁ノ條款

總テ官職ニ在ル者ハ立法官ノ任ヲ兼ヌヘカラサルノ制禁ナシ曾テ其制禁ナキノミナラス官吏ハ議院ニ參列スル爲メニ離職《コンゼー》免許ヲ受ルニ及ハス

之レニ反シテ代議士若シ官職ヲ承諾スルカ又ハ已ニ官吏タリシ者俸給增加シテ轉任スルトキハ直チニ議會ノ員ニ加ハルヿヲ罷メ而シテ更ニ撰擧ヲ受ルヿヲ要ス

何人ト雖モ兼テ兩院ノ員ニ加ハルヿヲ得サルハ無論ナリトス

代議士ハ教令《マンダー、アムペラチーフ》ニ係ル委任ヲ承諾スルヿヲ禁ス

○任期

代議士ノ任期

下院議員ノ任期ハ三ケ年ニシテ其終リニ至リ國王ノ召集ニ由テ一般ノ更撰ヲ行フ

立法任期《レジスラチユール》中ニ生シタル欠員ハ一部ノ撰擧ヲ以テ之ヲ補充ス

代議士ノ俸給

○俸給

下院議員ハ國庫ヨリ旅費及ヒ滯在償酬ヲ受ク但之ヲ辭拒スルノ權ナシ

法律制定ノ條欵

○法律ノ制定

上文之ヲ記述セシ如ク立法權ハ國王及ヒ兩院共同シテ之ヲ行フ總テ新ニ法律ヲ制定スル毎ニ此三大權ノ諧同ヲ欠クヘカラス

此三大權ハ各〻法律ヲ起議スルノ權ヲ有ス一院若クハ國王ヨリ斥ケラレタル議案ハ同會期《セツシヨン》中ニ再ヒ之ヲ提出スルヿヲ得ス

政府ヨリ出ス議案ハ兩院中何レノ別ナク之ヲ下附ス但國ノ會計ニ關スル議案ハ格別ニシテ此レハ先ツ下院ニ下附スルコヲ要ス下院ニ於テハ之レニ修正ヲ加フルコヲ得スシテ其全部ヲ可許シ若クハ否斥ス

緊急ノ場合ニ於テ若シ兩院集會セサルトキハ政府ハ憲法ニ違ハサル以上ハ法律ノ力ヲ有スル所ノ王勅ヲ執政官一同其責ニ任シテ發スルコヲ得但其王勅ハ國會集會シタルヤ否ヤ直チニ之ヲ國會ニ附シテ許可ヲ受ルコヲ要ス

○會期

國王ハ毎年十一月一日ヨリ翌年二月十五日ニ至ルノ間ニ於テ兩院ヲ召集シ通常會期《セツシヨン、ヲルジ子ール》ヲ開ク又國王ハ時ノ情況ニ於テ之ヲ要スル毎ニ兩院ヲ召集シテ臨時會期《セツシヨン、エキストラヲルジネール》ヲ開クコヲ得

延會及ヒ解散ノ條欵

○延會、解散

國王ハ兩院ノ集會ヲ留延スルノ權ヲ有ス然ヒ其延會ハ兩院ノ承諾ナクシテ三十日ヲ超ユルヿヲ得ス

又國王ハ國會ヲ解散スルノ權ヲ有ス其兩院ヲ同時ニ解散シ若クハ唯一院ヲ解散スルヿヲ得但一院ヲ解散シタル塲合ニ於テハ他ノ一院ノ集會ハ無論之ヲ留延ス○一院若クハ兩院ノ解散ヲ宣告シタル片ハ國王ハ必ス其解散ヨリ二ケ月以内ニ撰擧人ヲ召集シ三ケ月以内ニ兩院ヲ召集スヘヘキナリ

兩院職員ノ撰擧其他ノ制

○職員

兩院ハ各其議事ノ順序ヲ定メ及ヒ其内規ヲ制定スルノ全權ヲ有ス又各自カラ其議長副議長及ヒ書記官ヲ撰任ス

○會議

大ニ制限セル若干ノ例外ヲ除クノ外總テ決議ハ公許ノ過半數ヲ以テ之ヲ取ルヿヲ要ス何レノ場合ト雖𪜈下院ハ其議員定員ノ多數出席スルニアラサレハ議事ヲ開クヿヲ得ス

兩院ノ會議《セアンス》ハ公行トス然𪜈兩院ハ議長若クハ議員十員ノ起議ニ因リ秘密會議ヲ開クヿヲ得

巴威也拉

○沿革

汾

立法ノ權

巴威也拉《バビユール》ハ最初フレデリック、バルベルース〔按〕千百五十二年ヨリ千百九十年ニ至ル迄臨御シタル日耳曼皇帝ヨリ采地ノ名義ヲ以テヲトン、ド、ウ《ヰ》テルバックニ授與シタル公國《ジユセー》タルニ過ギザリシガ其王國《ロワイヨーム》トナリシハリュチビーユノ和親條約後千八百一年以來ニシテ且ツ其後ニ締結シタル他ノ諸條約ニ由レリ其最後ノ條約ハ千八百十四年ノ巴里府條約是レナリ

巴威也拉國ニ於テ初メテ憲法ヲ有セシハ千八百十八年マキシミリヤン、ジヨゼフ第一世ヨリ准許シタル所ノ約章ニ因レリ其撰擧法ハ數回ノ更改ヲ經タリシガ總テ憲法ニ倣フテ爲セシモノナリ

○立法權

巴威也拉國ニ於テ立法權ハ國王、貴族院《シヤムブル、デセイギユール》及ヒ代議士院《シヤムブルデデピユテー》共同

シテ之ヲ行フ其兩院ヲ總稱シテ國會《ランドタグ》ト云フ

○法律ノ制定

法律起草ノ權

法律起草《イニシヤナーブ》ノ權《デロワー》ハ各〻此三大權ニ屬ス然𪜈租稅ニ關ズル法律ノ議案ハ先ツ代議士院ニ下附シ然ル後該院ヨリ之ヲ貴族院ニ送移ス

○認可

法律認可ノ權

法律ヲ認可シ及ヒ布告スルノ權ハ國王ニ屬ス但國王ハ無限ノ不認可權《ベトウ アブソリユウ》ヲ有ス少クモ三年每ニ國會ヲ召集スルノ權利及ヒ職分ノ屬スルモ亦同シク國王ニアリ

○會期

國會ノ會期及

會期《セッション》ハ二ケ月間以上ニ涉ルヘカラザルヲ成規トス然𪜈國

七 解散

王ハ常ニ其時間ヲ延ハスノ權ヲ有ス又國王ハ會期ヲ留延シ若クハ國會ヲ解散スルヿヲ得國會ヲ解散シタル場合ニ於テハ必ス三ヶ月以内ニ新ニ代議士院ノ撰擧ヲ行フヿヲ要ス

國會ヲ構成スル兩院ハ必ス同時ニ之ヲ召集スヘキヲ以テ其開閉モ亦同シク同時ニ之ヲ行フヿヲ要ス兩院中何レモ他ノ一院ノ會期時限外ニ於テ開會スルヿヲ得ス

貴族院ノ組織

〇貴族院

貴族院《シャムブル、デ、セイギユール》ハ權利議員ト國王ヨリ終身間若クハ世襲ヲ以テ任命スル所ノ議員トヲ以テ之ヲ構成ス

權利議員

權利議員《マムブル、ド、ドロワー》ハ左ニ列記スル所ノ者トス

一 成年ノ王族

終身議員

二君側高官
三二大敎長
四往時日耳曼帝國ノ一領主ニシテ千八百六年以來巴威也拉王國内ニアル領地ヲ依然所有スヘキ約款ヲ以テ日耳曼皇帝ニ直隷スルヿヲ罷メラレタル諸侯伯家ノ主〔按〕小邦ヲ廢シテ大國ニ合シタルモノ〔此場合ニ於テハ其貴族院ニ參列スルノ權利ハ世襲トス〕
五國王ヨリ命スル基督敎ノ敎長一員
六波羅士特《プロテスタント》宗總敎會《コンシストワール、ゼ子ラール》ノ議長
國王ヨリ終身間任命スル議員ハ國家ニ大功勞アルヲ以テ此榮譽ヲ與ヘラレタル者是レナリ但此議員ノ人員ハ世襲議員ノ三分一ヲ踰ユルヿヲ得ス

世襲議員

國王ヨリ世襲ヲ以テ任命スル議員ハ國民權ヲ有シ及ヒ地稅三百フロランヲ納メ嫡長繼嗣ノ順序ニ循フテ相續ヲ定ムル所ノ賣讓スヘカラサル貴族地ヲ所有スル者ノ中ニ就テノミ之ヲ撰任スルヿヲ得此場合ニ於テハ貴族院議員ノ官職ハ相續ノ名義ヲ以テ其土地ヲ所有スル者ヘノ外移ラサルモノトス

王族ニ屬スル貴族院ノ議員ハ年齡二十一歲ヨリシテ公評《ボツト》ニ加ハルヿヲ得其他ノ議員ハ年齡二十五歲ニ至ラサレバ公評ニ加ハルノ權ヲ行フヿヲ得ス然𪜈其成年ヨリ該院ニ參列スルノ權ヲ有ス

○議長

貴族院議長

貴族院ノ議長ハ毎回會期間國王之ヲ命ス

代議士院ノ組織

初級撰擧權ノ條欵

○俸給

貴族院議員ノ官職ハ俸給幷ニ償酬ナシ

○代議士院

代議士院《シャムブル、デ、デピユテー》ハ人口三万一千五百ニ付キ代議士一員ノ比例ヲ以テ重複投撰法《スクリユタン、ア、ツウ、ドグレー》ヲ用ヒ諸撰擧區ニ於テ撰擧シタル議員ヲ以テ之ヲ構成ス

○撰擧權

初級撰擧人ハ總テ年齢二十一歳以上ニシテ國内ニ住シ及ヒ納租額ノ如何ニ拘ハラス直税ヲ納ル、所ノ巴威也拉國民ヲ包含ス

歸化シタル外國人ハ本國人ニ付テ要スル所ノ條欵ヲ具備スト雖𪜈其來住ノ日ヨリ六ケ年後ニ至ラサレハ政權ヲ享

上級撰擧權ノ條款

撰擧權ヲ失フ條款

代議士被撰權ノ條款

有スルヿヲ得ス

上級撰擧權ノ條款ハ全ク初級撰擧權ノ條款ト同一トス然ヒ何人ニ限ラス年齡滿二十五歲以上ニアラサレハ上級撰擧人ニ撰マルヽヿヲ得ス

○無能力

總テ重罪若クハ詐欺、竊盜及ヒ不正ノ所爲〔按〕職務若クハ委任ヲ行フニ當テ犯セルモノニ係ル輕罪ニ付キ刑ニ處セラレタル者ハ撰擧權《エレクトラー》ヲ失ハシム

奴僕、被雇人其他撰擧ニ影響ヲ及ホス爲メニ賄賂ヲ用ヒタル者及ヒ賄賂ヲ收受シタル者モ亦同シク撰擧權ヲ失フ

○被撰權

代議士ノ被撰權《エリジビリテー》ハ年齡ノ最下限ニ關スル條款ヲ除クノ外

兼任制禁ノ條款

總テ右ニ記シタル所ノ諸條款ニ從ハシム但年齢ハ此場合ニ於テハ三十歳トス

○兼任ノ制禁

兼任制禁ノ場合ハ大ニ之ヲ制限セリ然𪜈貴族院議員ノ官職ハ格別ニシテ代議士ノ任ト之ヲ兼ヌルヿヲ得ス

總テ官吏ハ代議士ニ撰マヽルヿヲ得ス其議院ニ參列スル爲メニ離職免許ヲ乞フ片ハ之ヲ拒ムヿヲ得ス陸軍將校及ヒ職員モ亦然カリ尤モ非常ノ情況ニ於テ其勤務ヲ離ルヽヲ得サル片ハ格別トス

之レニ反シ總テ代議士政府ノ官職若クハ昇級ヲ承諾スル者ハ改メテ撰擧ヲ受ルヿヲ要ス

○任期

代議士ノ俸給

代議士ノ任期ハ代議士院ヲ解散シタル場合ノ外六ケ年トス

代議士ノ辭職ヲ許可スルノ權ハ獨リ代議士院ノミニ屬ス

○俸給

代議士ノ任ハ無給トス然𪜈議院開會ノ地ニ住セサル者ハ左ノ如ク定メタル償酬ヲ受ク

一議院ヘ出頭ノ爲メニ指定シタル日ヨリ議院ノ閉會マテ(但其前日及ヒ翌日ヲ加入ス)一日五フロラン(十フランク七十五サンチーム〔按〕凡ソ我カ二圓十五錢)

二旅費トシテ一里《リユウ》ニ付キ一フロラン(二フランク十五サンチーム〔按〕凡ソ我四十三錢)

○撰擧區

撰擧區ノ制定

上ニ記述シタルカ如ク撰擧ハ重複撰擧トス初級撰擧ニ於テハ人口五百ニ付キ上級撰擧人一人ヲ撰任ス、其撰擧區ノ制定ハ郡官廳ニ於テ之ヲ爲ス、每撰擧區人口二千ヲ包含ス、撰擧區ヲ定ムルニハ成ルヘク諸邑ノ境界ヲ遵守ス但小邑ハ之ヲ合シテ撰擧區ヲ設ケ若クハ之ヲ大邑ニ合併スルコヲ要ス

總テ土地ヲ有シテ住スル所ノ撰擧區ニ於テ撰擧前ニ申告ヲ爲シタル者ハ皆初級撰擧人タルコヲ得

人口三万一千五百ニ付キ代議士一員ヲ撰擧スヘキ上級撰擧ニ付テハ執政官其撰擧區畫ヲ定メ及ヒ各州ニ於テ撰擧スヘキ代議士ノ人員ヲ公布セシム

○補充員

補充員

上級撰擧人ハ之レニ屬セラレタル代議士ノ人員ト同時ニ其各員ニ付一人ノ補充員ヲ撰擧ス

撰擧ノ方法

○撰擧ノ方法

撰擧ノ方法ハ初級撰擧ニ關スルモ亦上級撰擧ニ關スルモ皆同一トス

初級上級共ニ其撰擧ハ政府ヨリ指定シタル日ニ之ヲ行フ但毎撰擧區ニ於テ政府ヨリ命シタル特別委員《ツアール、コミセール》之ヲ管理ス

撰擧人ハ撰擧ヲ爲ス前先ツ其中ヨリ七員ノ事務局員ヲ撰任ス

撰擧ノ有効ナルカ爲メニハ撰擧人全員ノ三分ノ二出席スルコトヲ要ス○若シ撰擧人ノ人員不足ナルニ因テ撰擧ヲ爲シ得サルトキハ其欠席人ノ中、宥恕スヘキ正當ナル故ナクシ

テ出席セサリシ者ヲシテ其爲シ得サル撰擧ノ費用ヲ負擔セシメ而シテ特別委員ヨリ更ニ撰擧ノ日ヲ定ム

○投票ノ條款

投票ハ暗票ヲ用ヒス、撰擧人署名シテ自カラ投票函ニ投入スル票牌《ピコルタン》ヲ用ヒテ之ヲ爲ス但事務局員ノ不備若クハ不明ナルモノト認メタル票牌ハ之ヲ廢棄ス

各撰擧人ハ投票ヲ爲ス前ニ左ノ誓ヲ宣フルヿヲ要ス

余ハ脅迫、命令若クハ約束ニ拘ハルヿナク予ガ自由ノ良心ニ循ヒ國家一般ノ幸福ノ爲メニ有益ナリト信スル如ク投撰ヲ爲スヘク且ツ是レカ爲メ直接ト間接トヲ問ハス何人ヨリ如何ナル名義ヲ以テスルモ決シテ贈遺若クハ進物ヲ承諾セサルヘキヿヲ誓フ

代議士ニ關スルト上級撰擧人ニ關スルトヲ問ハス總テ被撰者ハ投票ノ過半數ヲ具備スルヿヲ要ス

○承諾、撰擇

被撰者承諾及撰擇ノ條款

撰擧セラレタル代議士ハ八日以內ニ其撰擧ヲ承諾スルト否トヲ申告スルヿヲ要ス二重ニ撰マレタル場合ニ於テハ同上ノ期限內ニ其甲若クハ乙ノ撰擧區ノ代議士トナルヿヲ撰擇スルノ權アリ

被撰者若シ自巳ニ授ケラレタル委任ヲ辭拒スルカ又ハ他ノ撰擧區ノ爲メニ撰擇スルトキハ本人ト同時ニ撰擧セラレタル補充員本人ニ代ツテ其位地ニ就ク

○請求

請求ノ裁斷

總テ撰擧ヨリ生スル所ノ請求《レクラマシヨン》ハ撰擧事務局ニ於テ會議ヲ

開キ公許ノ多數ヲ以テ之ヲ裁判ス其裁決ニ對シテハ控訴スルコトヲ許サス

○罰則

總テ撰擧人ニ賄賂ヲ行ヒタルトキハ無論其撰擧ノ効ヲ失ハシメ且ツ之ヲ収受シタル者ハ撰擧權ヲ失ハシム但其僞誓者ニ對シテ科スル罰及ヒ其他法律ニ定メタル刑ハ此外ナリトス

總テ撰擧人ノ決心ニ影響ヲ及ボスヲ得ヘキ官權アル者撰擧ニ干渉シタルトキハ其罪ヲ犯シタル官吏ノ職ヲ剝奪ス

撰擧ヲ終リタレバ直チニ事務局員若クハ特別委員調書ヲ製シテ其姓名ヲ手署ス

○分限ノ審査

此調書及ヒ之レニ添ユル所ノ諸書類ヲ代議士院ニ送附シ該院ニ於テ國會開會ノ前豫シメ其議員分限《プーボワール》ノ審査ヲ行フモノトス

薩克斯

○沿革

薩克斯《サツクス》王國ニ於テ公法ノ基礎ヲ成セル千八百三十一年九月四日ノ憲法ハ千八百六十八年ニ於テ撰擧法ニ關シ頗ル大ナル更改ヲ受ケタリ政府ハ封建制度ニ感染セル事態ヲ改メンヿヲ多年來要求セシ輿論ニ迫マラレタルヲ以テ遂ニ千八百六十七年九月二十日ニ至リ上院ニ於テハ大ニ騎《オルド》

立法ノ權

上院ノ組織

士族《ルヱ、ケストル》ノ勢力ヲ制限シ下院ニ於テハ全ク之ヲ廢シタル議案ヲ出シタリ但下院ニ於テハ人民ヨリ直接ニ撰ブ代議士ヲ以テ種族《チルドル》及ヒ公會《コルポラシヨン》ノ代議士ニ換フルノ法案ナリキ此議案ハ其討議中ニ撰擧定稅《サンス、エレクトラール》ノ額ヲ一ターレルニ減シ及ヒ代議士ニ撰マレタル官吏政府ノ許可ヲ願フヘキノ束縛ヲ廢シタル等ノ如キ自由ノ精神ニテ二三ノ修正ヲ加ヘタルノ後遂ニ千八百六十八年四月ニ於テ之ヲ採用シタリ

○立法權

立法權ハ國王及ヒ兩院共同シテ之ヲ行フ但兩院ヲ合シテ薩克斯國會《ジヱート》ヲ成ス

○上院

上院ハ權利議員、自己ノ同族ヨリ撰マルヽ議員及ヒ國王ヨ

リ終身間任命スル議員ヲ以テ之ヲ構成ス

權利議員ハ左ニ列擧スル所ノ者トス

一王族但成年ニ至リ上院ニ參列スルノ權ヲ有ス

二八大都府ノ府長

三波羅士特宗《プロテスタント》ノ二大僧正《ブレラート》

自巳ノ同族ヨリ撰マル、議員ハ左ニ列擧スル所ノ者トス

一帝國家《メーゾンデター》ト稱スル諸侯家千八百四年ニ於テ日耳曼皇帝ニ直隷スルヲ罷メラレタル舊帝國ノ諸侯家ノ戸主ニシテ自巳ノ同族ヨリ撰マル、者五員

二波羅士特宗僧《シャピル》ノ代議員二員

三基督教僧會ノ代議員一員

四土地ノ精入額二千ターレル（七千五百フラン）〔按〕凡ソ我千五百圓ヲ有シ自巳ノ同族ヨリ終身間撰マル、騎士族地《ビヤン、エケストル》ノ所

下院ノ組織

撰擧ノ法

有者十二員
國王ヨリ終身間任命スル議員ハ十員ニシテ其内五員ハ地税少クモ三十ターレル（百十二フラン五十サンチーム）（按）凡ソ我カ二十二圓五十錢ヲ國庫ニ納ル、騎士族地所有者ノ中ニ取ルヿナ要ス千八百六十八年ノ法律

○下院

下院ハ毎撰擧區ヨリ一員ツヽ撰出セル代議士八十員ヲ以テ之ヲ構成ス但撰擧區ノ内三十五ハ都會ニ係ルモノニシテ四十五ハ村落ニ係ルモノトス千八百六十八年ノ法律

○撰擧ノ方法

撰擧ハ直接設撰法《シユフラーシユ、ジレクト》ヲ以テ之ヲ爲シ毎撰擧區ノ撰擧人ヨリ代議士一員ヲ撰任ス○總テ撰擧ハ地方官ノ幹施ヲ以テ之

ヲ行フ其撰擧人名簿ヲ調製シ及ヒ之ヲ査正スルノ任モ亦地方官ニ屬ス

撰擧權ノ條款

○撰擧權

總テ年齡二十一歲以上ニシテ民權政權ヲ享有シ嘗テ毫モ加辱ノ刑ヲ受ケシコナク撰擧區內ニ住シ及ヒ該區內ニ於テ直稅一ターレル〔三フラン七十五サンチーム〕〔按〕凡ソ我七十五錢ヲ納ルヽ國民ハ皆撰擧權ヲ有ス

撰擧權ヲ失フ條款

○無能力

治產ノ禁ヲ受ケタル者、奴僕、復權ヲ得サル家資分散人、公共ノ施濟ニ依テ生活スル者及ヒ總テ重罪若クハ輕罪ノ法律ニ由テ撰擧權ヲ奪ハレタル者ハ皆投撰ノ權ヲ失フ

○被撰權

被撰權ノ條款

代議士ニ撰マルヽニハ年齢二十五歳以上ニシテ投撰ノ權チ有シ及ヒ直税少クモ十ターレル〔三十七フラン五十サシチーム〕〔按〕凡ソ我カ七圓五十錢ヲ納ルヽヿチ要ス

補充員

○補充員

各撰擧會ニ於テハ議員ノ死去、辭職若クハ能力チ失フタルトキ本員ニ代ハルヘキ補充員《シュプレアン》ヲ代議士ト同時ニ撰擧ス

兼任制禁ノ條款

○兼任ノ制禁

兼任制禁ノ場合ヲバ大ニ制限セリ千八百三十一年ノ法律ニ於テ代議士ニ撰マレタル官吏ハ其撰擧ノヿヲ長官ニ申告シ長官其任チ承諾スルヿチ允許シ又ハ禁スヘシト定メタリシガ千八百六十八年ノ法律ニテ此成規チ廢シタリ

爾來代議士ニ撰マレタル官吏ハ殆ト總テノ日耳曼諸邦ニ

於ケルカ如ク議院ニ參列スル爲メニ毫モ允許ヲ受ルニ及ハス且ツ離職免許ヲモ得ルニ及ハサルナリ

代議士ノ任期

○任期

代議士ノ任期ハ九ケ年ニシテ三年每ニ三分ノ一ヲ更撰ス

○償酬

國會議員ハ償酬《アンダムニテー》ヲ受ク其額。ハ法律ニ由テ之ヲ定ム

國會會期ノ制

○會期

國會ハ三年每ニ通常會期ヲ開キ又國王之ヲ召集スヘキト思惟スル每ニ臨時會期ヲ開ク○兩院各別ニ開會ス但兩院中何レモ他ノ一院ノ會期時限外ニ於テ集會スルヿヲ得ス

代議士院ニ於テハ抽籤ヲ以テ議員各自ノ列座《シエーシユ》ヲ指定ス總テ議員ハ其列座ヲ變更スルヿヲ得ス

兩院職員

法律制定ノ條款

認可、延會及ヒ解散ノ制

○職員

兩院ハ各自カラ其議長及ヒ職員ヲ撰任ス

○法律ノ制定

總テ法律ヲ制定スルニハ兩院ノ諧同及ヒ國王ノ認可ヲ必要トス法律起草ノ權ハ獨リ政府ノミニ屬ス但政府ハ兩院中何レノ別ナク議案ヲ下附スルヿヲ得

兩院中ノ一ニ於テ議案ヲ採用シタルトキハ他ノ一院ハ出席議員三分二ノ多數ヲ以テスルニアラサレハ之ヲ斥クルヿヲ得ス

○認可、延會、解散

國王ハ上文ニ之ヲ記述セシ如ク法律ヲ認可シ及ヒ布告スルノ權ヲ有ス國王行フ所ノ不認可《ベトウ》權ハ無限ノモノトス又

國王ハ國會ヲ召集シ其會期ヲ留延シ及ヒ之ヲ解散スルノ權ヲ有ス國會ヲ解散シタル場合ニ於テハ下院議員ヲ撰擧スル爲メニ國王ヨリ撰擧人ヲ召集スヘキナリ此場合ニ於テハ無論上院ノ集會ヲ留延ス

瓦敦堡

○沿革

瓦敦堡《ツヰルテンベルグ》王國ハ其建國大ニ新シキヲ以テ其公法ノ沿革ニ於テ大ナル利益ヲ表スルモノナシ此國ハプレスブルジノ和親條約ニ由テ建テタルモノニシテ千八百十九年九月二十

五日ノ憲法ヲ以テ之ヲ管治ス此憲法ハ千八百六十八年ニ於テ之レニ加ヘタル所ノ更改條則ト共ニ此國公法ノ基礎ヲ成セリ

立法ノ權

○立法權

上文ニ擧ケタル千八百十九年九月二十五日ノ憲法ハ今日ニ至ルマテ現ニ行ハルヽ所ニシテ此憲法ニ於テ國王及ヒ國會《ランドタグ》ニ立法權ヲ屬セリ

國會《ランドタグ》ハ貴族院《シャムブル、デ、セイギユール》及ヒ代議士院《シャムブル、デ、デピユーテー》ノ兩院ヲ以テ之ヲ搆成ス

貴族院ノ組織

○貴族院

貴族院ハ左ニ列記スル所ノ者ヲ以テ成ル

一王族

二諸侯伯家ノ戸主及ヒ嘗テ帝國議會ニ於テ一個ノ投言

權ヲ屬セラレシ貴族ノ代議員

三世襲若クハ終身ノ名義ヲ以テ國王ヨリ任命スル議員

世襲議員ハ王國內ニ於テ少クモ六千フロラン（一万二千九百フラン）〔按〕凡ソ我カ二千五百八十圓ノ純入額ヲ生シ長子權ニ循フテ傳フル所ノ賣讓スヘカラサル土地ヲ所有スルバロン及ヒシュバリエー〔按〕皆爵名ノ中ニ就テノミ國王之ヲ撰任スルヿヲ得

終身議員ハ資產及ヒ門族ニ拘ハルヿナク最モ貴ブヘキ國民ノ中ニ就テ國王之ヲ撰任スルヿヲ得

何レノ塲合ト雖モ國王ヨリ任命スル議員ノ人員ハ其他ノ議員ノ三分一ヲ超ユルヿヲ得ス

王族其他世襲議員ハ成年ニ達スレハ乃チ貴族院ニ參列スルノ權ヲ有ス但其成年ハ王族ニ付テハ王勅ヲ以テ之ヲ定

代議士院ノ組織

メ(二十一歳トス)其他ノ世襲議員ニ付テハ普通法ヲ以テ之ヲ定ム(三十五歳トス)

代議士院

代議士院ハ左ノ如ク配附シタル代議士九十四員ヲ以テ成ル

一　自己ノ同族ヨリ撰マルヽ騎士族《チルドル、エゲストル》ノ代議士十三員

二　波羅士特宗ノ總監《シュランタンダン》六員

三　基督敎教長一員、大僧會ヨリ其會員中ニ就キ撰擧スル者一員及ヒ基督教說敎區ノ最高年ノ執事《ジァークル》一員

四　チュビング大學校ノ校長

五　スチュトガール府、チュビング府、ルイスブルグ府、ユルバンケン府、ユルム府ファイルブロヲン府及ヒリュウトリンゲ

ン府ヨリ各〻一員ヲ撰擧スル代議士七員
六王國內諸郡中ノ一ヨリ各〻一員ヲ撰擧スル代議士六十四員

代議士任期

○任期
撰擧ヲ以テ任スル代議士ノ任期ハ六ケ年ニシテ其終リニ至リ全員ヲ更撰ス

被撰權ノ要欵

○被撰權
代議士院ニ參列スルヲ得ンニハ左ノ條欵ヲ具備スルヲ要ス
一瓦敦堡國民權ヲ有スルヿ
二年齡滿三十歲以上タルヿ
三基督教三會友《コムシユニチン》ノ一ニ屬スルヿ

四父ノ權及ヒ後見ヲ受ケサルヿ幷ニ人ニ雇役セラレサルヿ

無能力ノ條欵

○無能力

總テ重罪ノ豫審ニ連累セル者、官職ノ剝奪ヲ言渡サレタル者及ヒ定役ノ有無ヲ問ハス囚獄又ハ徒刑塲内拘置ヲ言渡サレタル者ハ皆議員トナルノ能力ヲ失フ

又總テ家資分散ノ訴訟ニ連累セル者若クハ家事錯亂ノ故ヲ以テ罪セラレタル者モ同シク能力ヲ失フ

右被撰權《アリジビリテー》ノ條欵〔但年齡ヲ除クノ外〕及ヒ無能力《アンカパシテー》ノ條欵ハ代議士院ノ議員幷ニ貴族院ノ議員共ニ之ヲ通用ス然𪜈貴族院ノ世襲議員ニ關シテハ少クモ二千フロラン〔四千三百フラン〕〔按〕凡ソ我カ八百六十圓ノ資產其家ニ存スル間ハ家事錯亂ノ故ヲ

以テ之レニ無能力ヲ言渡スヿヲ得ス
代議士院ノ議員ニ付テハ毫モ撰擧定稅《サンス、ユレクトラル》ノ條款ヲ要セス

○兼任ノ制禁

代議士ノ任ヲ兼任スヘカラサル制禁ノ場合ヲバ大ニ制限セリ
諸侯家《ハミーユ、セイギユリアール》ノ戸主及ヒ騎士族《ヲルドル、エケストル》ノ諸員ハ都會若クハ郡ノ代議士ニ撰マルヽヿヲ得ス
父子同時ニ國會ノ議員タルヿヲ得ス若シ父子共ニ撰擧セラレ而シテ父自カラ之ヲ辭セサル時ハ子ハ無論議員ヲ除カルヽモノトス
官吏ハ其職務ヲ行フ所ノ邑内ニ於キテ又僧侶ハ其住スルノ郡内ニ於テ代議士ニ撰マルヽヿヲ得ス其他ノ地ニ於テ

兼任制禁ノ條款

都會及ヒ諸郡ノ代議士

スト雖モ其長官ノ許可ヲ經ルニアラサレハ自己ニ授ケラレタル代議士ノ任ヲ承諾スルヿヲ得ス

○騎士族ノ代議士

騎士族《ヲルドル、エケストル》ノ代理タル代議士院議員十三員ハ王國四州內《セルクル》ノ貴族地所有者ヨリ該族ノ諸員中ニ就テ之ヲ撰任ス此撰擧ハ本州ノ首府ニ於テ騎士族中ノ者二員ヲ撰任シテ輔佐セシメ州政府長官《プレジダンダーペルスマン、プロパンシアール》ノ面前ニテ之ヲ行フ但撰擧人署名シテ自カラ投票函ニ投入スル票牌ヲ用ヒテ之ヲ爲ス

○都會及ヒ諸郡ノ代議士

都會ノ代議士七員及ヒ諸郡ノ代議士六十四員ハ往時ニ在テハ各邑內ノ最多額ノ稅ヲ納ル丶國民ヨリ之ヲ撰擧シタリシカ千八百六十八年二月二十日ノ法律以來日耳曼帝國

撰擧ニ關スル諸則

國會ノ撰擧ニ付テ収用シタル所ノ式ヲ用ヒ一般投撰法ヲ以テ直接ニ之ヲ撰擧ス

王國内甲撰擧區ノ撰擧人ハ乙撰擧區ニ住スル國民ヘ投票スルヿヲ得然𪜈數撰擧區ニ於テ撰マレタル候補人ハ一ノ撰擧ヲ承諾スルヿヲ得ルノミ

○撰擧

國王撰擧人ヲ召集ス、各郡會及ヒ各邑ハ撰擧人ヲ召集スル王勅ノ達シタル日ヨリ八日以内ニ郡廳ヘ撰擧人名簿ヲ送附スルヿヲ要ス又郡長《バイリー》ハ該王勅ヲ受領シタル日ヨリ十日以内ニ自巳ノ布達ヲ出セル日ト撰擧ヲ始ムル日トノ間少クモ八日ヲ隔テヽ撰擧ノ時日ヲ定ムルヿヲ要ス

撰擧ハ郡内ノ郡會ニ於テ撰擧人自カラ出席シ自書シテ署

名シタル票牌ヲ用ヒ若シ自書スルヿヲ知ラサル片ハ通常署名ニ代用スル所ノ記號ヲ記シタル票牌ヲ用ヒテ之ヲ爲ス

單獨ニテ一員ノ代議士ヲ撰擧スル所ノ都會ニ於テハ其撰擧ハ該都會ノ議會員四員ノ輔佐ヲ受ケ郡長《バイリー》之ヲ管理ス

郡內ノ諸邑ニ於テハ其撰擧事務局ハ郡會議員四員、其撰擧ヲ爲ス所ノ都會ノ議會員一員及ヒ邑會議員一員ヲ以テ之ヲ構成ス

右何レノ塲合ニ於テモ其撰擧ノ調書ヲ記スル者ハ身上證書ノ簿冊ヲ掌ル官吏トス

撰擧事務局員ハ自己ノ邑內ニ於テ撰擧セラルヽヿヲ得ス

騎士族ノ撰擧ヲ管理スルヿヲ任セラレタル該族ノ諸員モ

亦然カリ

投票ハ名代人ニ爲サシムルヿヲ得サルヲ以テ原則トス但撰擧人職務ヲ執掌スルカ爲メニ出席スルヲ得サル場合ニ於テハ格別トス

撰擧ノ効力ヲ有センニハ撰擧區内撰擧人三分二ノ投票ヲ以テ足レリトス

撰擧ハ比例多數ニ取テ之ヲ爲ス然ヒ被撰者ハ少クモ全票數ノ三分一ヲ具備スルヿヲ要ス但票數相均シキ場合ニ於テハ年長ノ者ヲ取テ之ヲ擧グ

撰擧ハ引續キテ三日以上ニ渉ルヿヲ得ス

撰擧セラレタル候補人ハ代議士ノ任ヲ辭拒スルノ權ヲ有ス此場合ニ於テハ本人ニ次イテ投票ノ多數ヲ得タル者ヲ

補欠撰擧

代理ヲ以テ公評ヲ為ス別例

シテ之レニ代ハラシム但其者ハ全票數ノ三分一ヲ具備スルヿヲ要ス然ラサレハ更ニ撰擧ヲ行フモノトス

○一部ノ撰擧

立法《レジユスラチユール》任期間ニ欠員ヲ生スル片ハ特別ノ撰擧ヲ為シテ以テ之ヲ補充ス

撰擧ノ結果ヲ知リ得タレハ直チニ撰擧事務局ノ長及ヒ諸員ハ撰擧ノ保證狀《セルチヒカート》ニ署名シテ之ヲ撰擧セラレタル代議士ニ交付ス

○代理ヲ以テスル公評

兩院ノ議員ハ自カラ公評スヘキヲ以テ原則トス然ヒ貴族院ノ世襲議員ハ同僚中ノ一人若クハ其實子又ハ豫定ノ相續人ニ自巳ノ代理ヲ為サシムルノ權ヲ有ス其他成年ニ達

代議士分限ノ審査

セサルカ若クハ一身ノ無能力ニ罹レタル貴族院議員ノ後見人モ亦本人ノ代理ヲ爲スコヲ得但何レノ場合ト雖𪜈一人ニ付テノ外代理ヲ以テ公評スルコヲ得ス〔按〕代理ヲ兼ルヲ得サルヲ云

○分限ノ審査

代議士分限《プーボワール》ノ審査ハ毎回立法任期《レヂスラチユール》ノ始メニ於テ豫シメ後ニ記述スル所ノ常置委員《コミテー、デ、ゼター》ノ面前ニ於テ之ヲ爲ス

是レカ爲メ新任ノ國會各議員ハ會期ヲ開ク數日前ニ集會ノ爲メ定メタル地ニ赴キテ常置委員ノ面前ニ出ルコヲ要ス該委員ハ召集狀ヲ出シタル上ニテ其分限ノ審査ヲ行フモノトス

國王ハ此審査ヲ行フ爲メニ常置委員ヘ更ニ政府ノ委員《デレゲー》ヲ加フルノ權ヲ有ス

○兩院ノ構成

貴族院ハ其議員半數ノ出頭ニ由テ之ヲ構成シ下院ハ其議員三分二ノ出頭ニ由テ之チ構成ス

常置委員《コミテー、デ、セター》ヨリ分限ヲ審査シタル代議士ノ人員定數ニ滿チタルコチ內閣《コンセイユ プリベー》ニ申報シタル𪜈國王兩院ヲ合シテ國會チ開キ其議長職ニハ既ニ貴族院ノ議長チ任シタル𪜈ハ該議長ヲシテ之レニ就カシメ又ハ前キノ立法任期間該院ノ議長タリシ者ヲシテ之レニ就カシム

此時ヨリシテ兩院ハ各別ニ開會シ又各別ニ未タ審査ヲ終ハラサル議員ノ分限ノ審査チ行ラ然𪜈國會チ開ク𪜈ニ方テ兩院中ノ一院其議員ノ數、別ニ開會シテ議事チ爲スニ足ラサル𪜈ハ該院ハ他ノ一院ノ議決ニ從フモノト看做ス但該

院議員ノ數別ニ開會スルニ足レルニ至ルマデ其議員ハ公《ボツ》評《ト》ニ加ハルノ權ヲ有シテ他ノ一院ノ會議《セアンス》ニ列スルモノトス

○宣誓

總テ貴族院及ヒ代議士院ノ議員ハ國會ニ入ルトキニ方テ左ノ宣誓ヲ爲スヿヲ要ス

予ハ憲法ヲ遵守シ及ヒ毫モ他ヲ顧ミテ抑留セラルヽヿナク予ガ良心ニ循ヒ國會及ヒ本國ノ利益ヲ目的トシ以テ國會ニ於テ常ニ忠良誠實ニ論議スルヿヲ誓フ

此誓書ハ會期《セツシヨン》ヲ開クトキニ方テハ國王若クハ國會ヲ開ク爲メニ委任セラレタル執政官ニ呈シ己ニ會期ヲ開キタル後ニ於テハ各院ノ議長ニ呈ス

兩院ノ職員

國會會期

○職員

貴族院ノ議長ハ推薦ナク國王之ヲ撰任ス其副議長ハ貴族院ニ於テ公許ノ多數ヲ以テ推薦セル三員ノ侯補人名表ニ就キ同シク國王之ヲ撰任ス

代議士院ノ議長ハ該院ニ於テ種族ノ別ナク撰擧シタル三員ノ侯補人名表ニ就キ國王之ヲ撰任ス其副議長ノ撰任ニ付テモ亦同シ

兩院ノ議長及ヒ副議長ノ任期ハ六ケ年トス

書記官ハ毎回會期間兩院ニ於テ之ヲ撰任ス

○會期

國王ハ三年毎ニ國會ヲ召集シテ通常會期ヲ開キ又必要ト思惟スル毎ニ臨時會期ヲ開ク

會議ノ制

法律制定ノ條欵

○會議

兩院ノ會議《セアンス》ハ公行トス然𪜈執政官又ハ政府理事員《コミセール、ジユ、グウベルヌマン》ノ請求ニ因リ若クハ議員三員ノ起議ニ就キ本院ニ於テ取リタル決定ニ因リテ之ヲ秘密ニスルヿヲ得

○法律ノ制定

國會議員ハ法律起草ノ權ヲ有セス然𪜈請願、建言ヲ爲シ及ヒ執政官ヲ彈劾スルヿヲ得

法律ノ議案ハ政府ヨリ両院中何レノ別ナク之ヲ下附ス但租税ノ徵収ニ關スル議案ハ格別ニシテ此レハ先ツ代議士院ニ下附スルヿヲ要ス

兩院ハ各〻本院ニ下附セラレタル議案ヲ拒斥シ若クハ修正ヲ加ヘ又ハ加ヘスシテ之ヲ収用スルノ權ヲ有ス但之ヲ拒

斥シタル場合ニ於テハ必ス其理由ヲ述フヘキナリ

法律ノ議案ハ兩院ノ許可ヲ經タル後ニアラサレハ國王之ヲ認可スルヿヲ得ス又兩院中ノ一ニ於テ斥ケラレタル起《プロポ》議《ジシヨン》ハ會期中ニ再ヒ之ヲ提出スルヿヲ得ス

各院ニ於テ決議ハ公評ノ多數ヲ以テ之ヲ取ル其多數ハ議事ノ要否ニ因リテ或ハ過半數タルヿヲ要シ或ハ比例多數タルヿヲ要ス論議兩立スル場合ニ於テハ議長ノ説ヲ以テ之ヲ決ス

憲法ノ改正ニ關スルトキハ公評ノ多數ハ出席議員ノ三分ノ二ヲ包含スルヿヲ要ス

○解散

國王ハ國會ヲ解散スルノ權ヲ有ス此場合ニ於テハ必ス六

ケ月以内ニ撰擧人ヲ召集スヘキナリ但國會ヲ出テタル代議士ハ須要トスル所ノ條欵ヲ具備スル間ハ永久重撰セラルヽコヲ得

○常置委員

甲ノ會期ヨリ乙ノ會期ニ至ルマテノ間ニ於テハ常置委員《コミテー・デ、セター》國會ニ代ハリテ憲法ヲ遵奉スルコニ注意シ及ヒ執政官ヲ彈劾スルカ如キ非常ノ場合ニ於テ臨時ニ國會ノ召集ヲ促カスコヲ任ス

此委員ハ十二員ヲ以テ之ヲ組織ス即チ兩院ノ議長貴族院ノ議員二員及ヒ代議士院ノ議員八員是レナリ

○會計上ノ規則

王國ノ一般會計豫算書中ヨリ扣除スル本銀ヲ以テ成レル

特別ノ金額ヲ國會ノ費用ニ供ス此費用ハ國會議員ノ旅費日當、常置委員ノ俸給、藏書館ノ保修費、押印局ノ費用及ヒ其他ノ諸費是レナリ

澳匈兩國共通ノ制度

○沿革

澳地利ハ初メ匈牙利人ノ襲撃ヲ防禦スル爲メニシャールマンギュ帝ノ建テタルマルグラーブ領タルニ過キサリシナリ其公國ノ列ニ昇リタルハ千百五十六年ニシテ初メテ其名ヲ公文書ニ載セタルハ此時代ニアリトス

此公國ハハプスブルグ家ノ所領トナリタリ而シテ該家ハ數百年間日耳曼國羅馬皇帝ノ位ニ登リタルヲ以テ漸次采地ノ加屬シタルニ因リ澳地利ヲシテ頗ル大ナル國トナルニ至ラシメタリ

此加屬《アンテキシヨン》ハ悉ク暴力ヨリ成立チタルモノニアラス匈牙利ノ加屬シタルハ全ク隨意ニ出テタルモノニシテ其原因ハ土耳其ニ對シテ抗敵スル爲メ強大ナル保護ヲ要スルニアリタリ

澳地利ノ帝國ニ昇リタルハ日耳曼舊帝國ノ編制ヲ分裂シタルノ後ニシテ即チ千八百六年ニアリキ此國ハ錯雜セル諸元素諸人種ヨリ成レルモノナルヲ以テ從來數多ノ騷亂ヲ受ケ且ツ之ヲ免カルヽヲ得スシテ爲メニ數〻疆土ヲ增加

シ或ハ減少シタリ余輩ハ今茲ニ澳地利ノ歴史ヲ記述スヘキニアラス唯其憲法上ノ制度ヲ述ルニ止マルヘシ

千八百四十八年ニ至ルマデハ帝國內匈牙利ニ於テハ代議《グツベルヌマン》政體《レプレサンタチーフ》ニシテ其他ノ諸邦ニ於テハ擅制政體《グツベルヌマン、アブソリユツ》ナリキ此諸邦ニ於テ匈牙利ノ如キ特權《リビレーシユ》ヲ有セサリシハ帝家ニ於テ世襲ノ名義ヲ以テ之ヲ所領シ且ツ隨意ニ加屬セシニアラサルヲ以テナリ但此諸邦ニハ各〻民撰議會アリシト雖氏其議會ハ邦內ノ政務ニ關シテ唯商議ニ參スルノ權ヲ有セシノミ

匈牙利ニ於テノミ獨リ實權ヲ任セラレタル兩院アツテ國民ノ代理ヲ爲セリ即チ貴族院及ヒ代議士院《シヤムブル、デ、マグナー・シヤムブル、デ、デピユテー》是レナリ

其貴族院ニ參列スルノ權利ハ門地ヨリ生セリ又三年間代

議士院ニ參列スルノ權利ハ撰擧ヲ以テ之ヲ授ケリ總テ代議士ハ特ニ貴族ノミヲ以テ成リシ所ノ撰擧會ヨリ與ヘタル教令ニ係ル委任ヲ受ルコト數〻アリキ總テ村落ヨリハ代議士ヲ出サス又都會ヨリハ僅カニ十二員ノ代議士ヲ出シタリキ

法律起草《イニシヤチーブ、デロリー》ノ權ハ君主幷ニ代議士院ニ屬セリ貴族院ハ下院ノ起議《プロポシシヨン》ヲ斥クルノ權ヲ有セシノミ

澳庭ハ帝國全管內ニ於テ一部分ノ國民即チ匈牙利人ノミガ享有セシ政治上ノ特權ニ因テ起リシ所ノ障碍ニ對シテ常ニ抵抗シ澳庭ト匈牙利トノ間ニ於テ爭論殆ト斷ユルコトナカリキ

千八百四十七年ニ於テ匈牙利ヨリ執政官廳《ミニステール》ヲ分離シ向後

君主ヲ奉スルノ外毫モ澳國ト政務ヲ共通セサルヿヲ要求シタルハ乃チ中央政府ノ專權ヲ絶ンガ爲メニシテ千八百四十八年ノ變亂ニ因リ遂ニ皇帝ヘルジナン第一世ノ許可ヲ得タリ

此成功ニ因テ遂ニ匈牙利ノ代議士院ハ當時ニ至ルマテ貴族ノミニテ專有セシ所ノ撰擧權及ヒ被撰權ヲ若干ノ條欵ヲ以ツテ全國民ニ及ボシタリシガ中央政府ニ於テ此法律ヲ斥ケタルカ爲メニ匈牙利ハ暴動ヲ起スニ至リタリ

中央政府ニ於テ魯西亞ノ力ヲ籍リ此暴動ヲ征服シタル𪜈自《オ》カラ其戰勝ニ乘シテ匈牙利ノ特權ヲ廢シ其自治《オートノミー》ノ權ヲ奪ヒ澳地利帝國ヲ成セシ其他ノ邦民ト之ヲ混同シ以テ其他ノ諸邦ニ於ケルカ如ク唯澳庭ニ於テ商議セント欲スル

ルトキ其商議ニ參スルノ權ノミヲ有シテ全ク法律起草ノ權ヲ剝カレタル議會ヲ之レニ許シタルニ止マリタリ

然トモ民心ノ激昂ハ獨リ匈牙利ニ於ケルノミナラス尚ホ澳國中ノ諸邦ニ於テ益々增發シ遂ニ諸邦全議會ノ抵抗ヲ以テ中央政府ヲ屈セシムルニ足リタリ故ニ十年間擅制政治ヲ行ヒタルノ後遂ニ中央政府ヨリ千八百六十年ノ憲章《シプローム》ヲ布告シテ以テ立憲ノ制度ヲ立ルニ至レリ其後漸次特准《コンセッション》ヲ與ヘ以テ遂ニ又千八百六十七年ノ約章《コムプロミー》ヲ承諾シタリ之ヲ現今澳匈兩國ノ公法ノ根源トス

澳匈帝國ノ兩部ノ間ニ係ル此約章ノ明文ニ據レハハプスブルグ家ノ統轄スル諸邦ハ全ク區別アル王國ヲ成シテ各々自治ノ權ヲ有シ唯互ニ共同利益ノ係屬ニ因テ相ヒ結合

二王國共通ノ事務

セルノミ

シスライツァニー（ライツァ河［按］ダニュウブ河ノ會流小河ニシ以テ澳匈兩國ノ國界ヲ分ツモノ西ノ諸地方）ハ維也納府ヲ以テ其政府所在ノ地ト爲ス此諸地方ヲ總稱シテ澳地利ト云フ

トランスライツァニー（ライツァ河以東ノ諸地方）ハペスト、ビュード府ヲ以テ政治上ノ都府及ヒ議會ノ會場ト爲ス此諸地方ヲ總稱シテ匈牙利ト云フ

余輩ハ此二王國ノ代議制度及ヒ撰擧法ヲ各別ニ講究スルノ前先ツ此二王國ニ共通スル制度ノ全體ヲ約述セントス

○通國事務

此二王國共通ノ事務《アッフエールノコムミユンス》ハ左ニ列擧スル所ノモノトス千八百六十七年十二月二十一日ノ法律

立法ノ權

兩代理員會ノ組織

一外交事務澳地利及ヒ匈牙利ノ國會ニ於テ許可スヘキ條約ハ此限ニアラス

二陸海軍事務

三前二項ノ事務ニ關スル會計事務

是故ニ通國執政官廳《ミニステール、コムミユン》ハ外務軍務及ヒ會計ノ三省ヲ包含ス

但執政官ハ政務ノ責ニ任スヘキモノトス

〇立法權

通國事務《アッフエール、コムミヨンス》ニ關スル立法權ハ皇帝及ヒ兩代理員會《デレガーション》共同シテ之ヲ行フ但代理員ハ澳匈兩國ノ國會ニ於テ其議員中ニ就キ之ヲ撰擧ス

〇代理員會

此兩代理員會《デレガーション》ハ各〻六十員ヲ以テ之ヲ搆成ス其內二十員ハ上院ニ屬シ四十員ハ代議士院ニ屬ス其代議士院ヨリ出ス

補員

代理員ノ任期

代理員ハ法律ニ定ムル所ノ比例ヲ以テ帝國ノ二大部〔按澳地利及ヒ匈牙利ヲ指ス〕ヲ成セル諸邦ノ代理ヲ爲スヘキ方法ニテ各部ノ代議士院ヨリ之ヲ撰擧ス

○補員

各部ノ國會ハ代理員《デレゲー》ノ外上院ニ當テハ十員代議士ニ當テハ二十員ノ補員《スツブレアン》ヲ撰擧ス

○任期

代理員《デレゲー》及ヒ其補員《スツブレアン》ハ毎年兩部ノ國會ニ於テ之ヲ更撰スヘキモノトス但二回引續キテ同一ノ人ニ代理員ノ任ヲ授ルコトヲ得ス

代理員及ヒ其補員ハ敕令ニ係ル委任ヲ承諾スルコトヲ得ス」

兩部代議士院中ノ一ヲ解散シタル場合ニ於テハ其代理員

會ノ權任直チニ終ルモノトス而シテ新ニ撰擧セラレタル代議士院ハ集會スルヤ否ヤ直チニ其代理員ノ撰擧ヲ行フヘキナリ

代理員會ノ會期

○會期

代理員會ハ毎年皇帝之ヲ召集シ皇帝ヨリ指定シタル地ニ於テ集會ス

代理員會ノ職員

○職員

兩代理員會ハ各別ニ開會シ各〻其僚員中ヨリ議長副議長及ヒ其他ノ職員ヲ撰擧ス

法律制定ノ條款

○法律ノ制定

兩代理員會ハ皇帝ト共ニ法律起草《ドロワー、ジニシヤチーブ》ノ權ヲ分有ス政府ヨリ起議シタル法律ハ交〻兩會ニ付シテ之ヲ議決セシム都テ通國事務ニ係ル規則ハ兩代理員會ノ承諾ヲ經ルニアラサレハ法律ノ力ヲ有スルヿヲ得ス兩會ノ議相ヒ諧ハサル場合ニ於テハ兩會聯合ノ總會議ニ於テ之ヲ決定ス何レノ場合ト雖モ代理員會ニ於テ評決シタル議案ハ必ス皇帝ノ認可ヲ受ルヿヲ要ス但皇帝ハ無限ノ不認可權《ベトウ、アブソリユツ》ヲ有ス

通國執政官ニ對スル彈劾ハ何レノ代理員會ヨリモ之ヲ起議スルヿヲ得其彈劾ハ兩代理員會聯合ノ總會議ニ於ケルノ外之ヲ斷決スル事ヲ得ス

○議事

代理員會ニ於テ取リタル決定ノ効力ヲ有センニハ該會ノ議長及ヒ議員三十員ノ出席ヲ要シ且ツ出席員ノ過半數其起議ニ同意スルヿヲ要ス

各代理員會ハ其取リタル所ノ決定並ニ其理由ヲ一方ノ代理員會ニ通報スルコヲ要ス其通報ハ兩國雙方ノ國語ヲ用ヒタル書面ヲ以テ之ヲ爲ス　ライツァ河以西ノ代理員會ハ獨乙語ヲ用ヒライツァ河以東ノ代理員會ハ匈牙利語ヲ用ヒユ

兩代理員會聯合ノ總會議

○總會議

兩代理員會聯合シテ開會スルトキハ其議長ノ職ハ左ノ條款ヲ以テ兩代理員會ノ議長ニ屬ス即チ先ツ抽籤ヲ以テ何レノ議長其職ニ就クヘキカヲ決定シ而シテ次回ノ會議ニハ前回ノ會議ニ於テ議長トナラサリシ者其議長ノ職ニ就ク一法ニ適シテ總會議ヲ搆成セシニハ各代理員會ノ僚員三分ノ二集會スルコヲ要ス若シ一ノ代理員會ノ出席員他ノ代理員會ノ出席員ヨリ其人員多キトキハ兩代理員會ノ間ニ公

共通ノ原旨ニ循テ處分スヘキ事務

評者ノ人員ヲ均一ナラシムル為メ出席員ノ多キ代理員會ニ於テ其數ニ應シ本會代理員ノ公評《ボツト》ヲ禁スルヿヲ要ス其公評ヲ避クヘキ代理員ハ抽籤ヲ以テ之ヲ定ム

両代理員會ノ總會議ハ公行トス其會議ノ調書ト各代理員會ノ書記官之ヲ作リ両國ノ國語ヲ以テ之ヲ記ス

○共通ノ原旨ニ循フテ處分スヘキ事務

澳匈帝國ノ制度ニ於テハ特ニ両代理員會ノ職權内ニ入ル所ノ通國事務《アツフエール、コムミユンス》ノ外尚ホ共通ノ原旨《プリンシツプコムミユンス》ニ循テ處分スヘキ事務アリ即チ左ニ列記スル所ノモノ是レナリ

一貿易及ヒ關稅上ノ事項

二百工ヨリ生スル物產ニ課スル間稅ノ法

三貨幣條例及ヒ利息ノ制定

四帝國ノ兩部ニ通スル鐵道ニ關スル規則

五内國防禦策ノ設定

是等ノ事項ニ關スル議案ハ各部ノ執政官廳ニ於テ之ヲ起草シ然ル後各別ニ各部ノ國會ニ下附ス而シテ其兩國會ニ於テ同樣ノ決議ヲ以テ之ヲ許可シタルトキ皇帝之ヲ認可シ及ヒ之ヲ布告ス

此他通國事務ニ供スル費用ノ部分ヲ定ムルニ關シ特ニ用ユル所ノ「處分法アリ此事項ニ關シテハ兩國ノ國會ヨリ各同數ノ人員ヲ以テ成レル委員《デピユタシヨン》ヲ撰任ス○其委員ニ於テ兩國執政官廳ノ起議ヲ聽キタル後ニ該法律ノ議案ヲ起草シ然ル後其議案ヲ雙方ノ執政官廳ヨリ雙方ノ國會ニ移シ國會ニ於テ之ヲ討議評決シタル上其諧同シタル所ノ決議ヲ

澳地利

立法ノ權

出シテ皇帝ノ認可ヲ受クヘキモノトス

之ヲ概言スルニ以上記述スル所ヲ以テ澳匈帝國ノ兩部ニ共通スル事務ニ付テノ立法權ヲ規定スル所ノ一般ノ原則トス

澳地利

○立法權

所謂ユル澳地利及ヒライツァ河以西諸地方ノ特別事務《アツフエール、スペシヤール》ニ關スル立法權ハ皇帝及ヒ帝國議會《ライクスラート》共同シテ之ヲ行フ

帝國議會《ライクスラート》ハ貴族院《シヤムブル、デ、セイギユール》及ヒ代議士院《シヤムブル、デ、デピユテー》ノ二院ヲ以テ之ヲ構成ス

○貴族院

貴族院ノ組織

貴族院《シャムブル、デ、セイギュール》ハ左ニ列記スル所ノ者ヲ以テ成ル千八百六十七年十二月二十一日ノ建國法

一 門地ニ由テ列スル議員即チ成年ニ至リ該院ニ參列スルノ權ヲ有スル皇族

二 世襲議員《マンブル、ヘレジテール》即チ廣濶ナル土地ヲ所有シ皇帝ヨリ世襲權ヲ授ケラレタル貴族家《ハミーユ、ノーブル》ノ戶主但該員モ亦同シク成年ニ至リ參列スルノ權ヲ有ス

三 高貴ノ僧官ニ在ルノ故ヲ以テ列スル議員即チ帝國諸侯ノ稱ヲ有スル大教長《ヱルシヱツエーク》及ヒ敎長《ヱツエーク》

四 門族、地位、家産ノ別ナク都テ國事、敎門若クハ文學、技術ニ功勞アルヲ以テ其名ヲ知ラレタル諸人ノ中ニ就キ皇帝ヨリ終身間任命スル議員

代議士院ノ組織

代議士配附ノ制

貴族院議員ノ八員ハ定限ナシ

○代議士院

代議士院《シャムブル、デ、デピユテー》ハライツァ河以西ノ各地方ノ撰擧人ヨリ撰任セル代議士ヲ以テ之ヲ構成ス千八百七十三年ノ法律前ニハ各州ノ議會ヨリ代議士ヲ撰擧セリ千八百七十三年三月六日ニ議決シ千八百六十七年ノ建國法第六條第七條及ヒ第十八條ヲ修正シタル法律ニ由テ代議士院ノ構成法ヲ全ク改定シタリ

○代議士ノ配附

現今代議士院ハ法律ニ由テ諸地方ノ間ニ配附セル三百五十一員ノ代議士ヲ以テ之ヲ構成ス

其各地方ニ屬スル代議士ノ八員ハ左ノ如ク分チタル諸部《クラッス》ノ間ニ之ヲ配附シ部內ノ撰擧人之ヲ撰擧ス

各部ヨリ撰擧スル代議士ノ人員

甲部　大私有地《グランド、プロプリエテー》

乙部　都會《ビーユ》及ヒ市場《マルシエー》

丙部　商工會議所《シャムブル、ド、コムメルス、エー、アンジュストリー》

丁部　諸邑《コムシミユン》

各地方ニ於テ右諸部《クラッス》ノ間ニ代議士ヲ配附スルノ比例左ノ如シ千八百七十三年三月六日ノ法律第七條

一ボヘーム王國ニ於テハ甲部ヨリ代議士二十三員乙部ヨリ三十一員丙部ヨリ九員丁部ヨリ三十員ヲ撰擧ス

一ダルマシー王國ニ於テハ甲部ヨリ代議士一員乙部及ヒ丙部ヨリ二員丁部ヨリ六員ヲ撰擧ス

一ガリシー及ヒロドメリー王國（クラコビー大公國ヲ加入シ）ニ於テハ甲部ヨリ代議士二十員乙部ヨリ十三員

兩部ヨリ三員丁部ヨリ二十七員ヲ撰擧ス
一アンス河東ノ澳地利大教長領ニ於テハ甲部ヨリ代議士八員乙部ヨリ十七員丙部ヨリ二員丁部ヨリ七員ヲ撰擧ス
一アンス河西ノ地利大教長領ニ於テハ甲部ヨリ代議士三員乙部ヨリ六員丙部ヨリ一員丁部ヨリ九員ヲ撰擧ス
一サルスブルグ公國ニ於テハ甲部ヨリ代議士一員乙部及ヒ丙部ヨリ二員丁部ヨリ二員ヲ撰擧ス
一スチリー公國ニ於テハ甲部ヨリ代議士四員乙部ヨリ八員丙部ヨリ二員丁部ヨリ九員ヲ撰擧ス
一カランシー公國ニ於テハ甲部ヨリ代議士一員乙部ヨ

リ三員丙部ヨリ一員丁部ヨリ四員ヲ撰擧ス

一カルニチール公國ニ於テハ甲部ヨリ代議士二員乙部ヨリ三員丙部及ヒ丁部ヨリ五員ヲ撰擧ス

一ビュコウヰーヌ公國ニ於テハ甲部ヨリ代議士三員乙部ヨリ二員丙部ヨリ一員丁部ヨリ二員ヲ撰擧ス

一モラビーマルグラープ領ニ於テハ甲部ヨリ代議士九員乙部ヨリ十三員丙部ヨリ三員丁部ヨリ一員ヲ撰擧ス

一上下シレジー公國ニ於テハ甲部ヨリ代議士三員乙部ヨリ三員丙部ヨリ一員丁部ヨリ三員ヲ撰擧ス

一チロール伯領ニ於テハ甲部ヨリ代議士五員乙部及ヒ丙部ヨリ五員丁部ヨリ八員ヲ撰擧ス

一ボラルベルグニ於テハ乙部及ヒ丙部ヨリ代議士一員丁部ヨリ二員ヲ撰擧ス

一イストリーマルグラーブ領ニ於テハ甲部ヨリ代議士一員乙部及ヒ丙部ヨリ一員丁部ヨリ二員ヲ撰擧ス

一ゴリュツ及ヒグラジスカ伯領ニ於テハ甲部ヨリ代議士一員乙部及ヒ丙部ヨリ一員丁部ヨリ二員ヲ撰擧ス

一トリースト府及ヒ其屬地ニ於テハ乙部ヨリ代議士三員丙部ヨリ一員ヲ撰擧ス

○任期

代議士院議員ノ任期ハ七ケ年ニシテ其終リニ至リ舊議員ハ重撰セラルヽコトヲ得

○撰擧人名簿

撰擧人名簿ニ關スル諸則

大私有地《グランド、プロプリエテー》(甲部)ノ撰擧人名簿《リストエレクトラール》ノ調製及ヒ改正ハ本撰擧區ノ州長ニ委任ス商工會議所ノ撰擧人名簿ニ付テモ亦然カリ都會撰擧人及ヒ村落初級撰擧人ノ名簿ハ邑長之ヲ調製シ及ヒ之ヲ改正ス、毎年此撰擧人名簿ハ八日間邑ノ會堂《メーソンコムミユンス》ニ之ヲ出シ置キ邑長ハ之レニ關スル諸人ノ請求《レクラマシヨン》ヲ受理シ理アルモノハ其權利ヲ得セシメ然ラサレハ三日内ニ其邑ヲ管轄スル中央政府ノ目代《デレゲー》ニ之ヲ移附ス

撰擧ニ關スル諸則

○撰擧

諸部《クラツス》ノ撰擧ハ撰擧人ノ部類ニ因リテ異ナル所ノ管轄官ノ指揮監督ヲ受ケ撰擧人自カラ投票函ニ投入スル手書若クハ印刷ノ票牌《ビルタン》ヲ用ヒ直接ノ暗投票ヲ以テ之ヲ爲ス

村落諸邑ノ撰擧ノミ重複投撰法ヲ以テ之ヲ爲ス其撰擧ハ

邑ノ首地ニ於テ總テ投撰ノ權ヲ有スル本邑內ノ人民ヨリ人口五百ニ付キ一人ノ比例ヲ以テ撰擧シタル上級撰擧人之ヲ行フ

村落諸邑ノ撰擧ハ政府ヨリ命シタル特別理事員《コミセール、スペシアール》之レヲ管理シ撰擧人ノ中ヨリ取リタル補佐役《アッセソール》七員及ヒ書記一員之ヲ輔佐ス其上級撰擧人ノ、撰擧ハ暗投票ヲ以テ之ヲ爲シ各初級撰擧人ハ撰擧事務局ヨリ渡セル票牌ヘ自己ノ撰ム所ノ候補人《カンジダー》ノ姓名ヲ記シテ之ヲ投入ス然モ地方ノ習慣ニ依リテハ法律ニ於テ口演ノ撰擧《エレクシヨン、ナラール》ヲ許セリ此塲合ニ於テハ各初級撰擧人ハ高聲ヲ擧ケテ其撰マント欲スル所ノ上級撰擧人ノ名ヲ撰擧理事員ニ告示ス

○一部ノ撰擧

一部ノ撰擧ニ關スル規則

總テ撰擧ハ投票ノ過半數ヲ以テ之ヲ爲ス票數相均シキ𪜈ハ最多數ヲ得タル候補人ノ間ニ於テ再投票《バロターシユ》ヲ行フ而シテ此場合ニ於テモ尚ホ票數相同シキ𪜈ハ抽籤ヲ以テ撰擧ヲ決定ス

都會若クハ村落ノ一部ノ撰擧ニ於テハ撰擧人ハ最後ノ投票ニ於テ過半數ヲ得タル者ニ次イテ比例多數ヲ得タル所ノ候補人ニ就テノミ投票スルヿヲ要ス

撰擧權ノ條欵

○撰擧權

投撰ノ權ハ總テ年齡滿二十四歳以上ニシテ民權政權ヲ享有シ及ヒ法律ニ定ムル無能力《アンカパシテー》ノ條欵ニ觸レサル所ノ澳地利國民ニ屬ス

甲部ニ於テ撰擧權ヲ有スル𪜈ハ其他ノ諸部ニ於テ撰擧權

投票ニ關シ名題ノ條款

ヲ失フ何人ニ限ラス數撰擧區ニ於テ投票スルヿヲ得ス數邑ニ於テ不動産ヲ有スルカ爲メ數邑ニ於テ撰擧權ヲ有スル撰擧人ハ通常自己ノ住スル所ノ邑ニ於テ之ヲ行フ若シ其者撰擧權ヲ有スル所ノ諸邑中ニ住セサルトキハ其最多額ノ直税ヲ納ル丶所ノ邑ニ於テ之ヲ行フモノトス

○名題ヲ以テスル投票

名題ヲ以テ投票ヲ爲スヿハ大私有地《グランド、プロプリエテー》(甲部)ノ撰擧人ニ之ヲ許スノミ

總テ該部ニ於テ自カラ投票スルノ權ヲ有シ若クハ會社又ハ裁判上一個人ト看做ス所ノ者ヲ代理スル國民ハ同部內他ノ撰擧人ニ代リテ投票ヲ爲スノ委任ヲ受クルヿヲ得

此委任ハ委任狀ニ明記シテ之ヲ授ルヿヲ要ス但同一ノ人

被撰權ノ條欵

被撰擧ヲ失フ

ニシテ二人以上ノ委任ヲ受ルコヲ得ス

○被撰權

被撰人トナルニハ左ノ條欵ヲ具備スルコヲ要ス

一少クモ三年以上澳地利國民ノ分限《カリテー》ヲ有スルコ

二年齢満三十歳以上タルコ

三帝國諸州中ノ一ニ於テ撰擧人タルコ

代議士ハ政令《マンダー、アムペラチーフ》ニ係ル委任ヲ承諾スルコヲ禁ス

澳地利ノ憲法ニ於テハ代議士ノ任ヲ兼任スヘカラサルノ制禁ナシ總テ官吏ハ代議士ニ撰マルヽコヲ得且ツ其任ヲ行フ爲メ離職免許《コンヂエー》ヲ受ルニ及ハス

○無能力

左ニ列記スル所ノ者ハ代議士ニ撰マルヽコヲ得ス

條款

一後見人若クハ管財人ヲ附セラレタル者
二官金若クハ邑金ヲ以テ現ニ救助ヲ受ケ又ハ撰擧ノ前年間ニ救助ヲ受ケタル者
三復權ヲ得サル家資分散人
四重罪、盜罪、背信罪及ヒ詐欺取財ノ正犯若クハ附從トシテ刑ニ處セラレタル者

此無能力《アンカパシテー》ニ觸ルヽトキハ又撰擧權ヲ失フ

下院職員撰任ノ制

○職員

代議士院ノ議長、副議長及ヒ其他ノ職員ハ該院ニ於テ其議員中ヨリ取リ之ヲ撰任ス

○會期

帝國議會ハ毎年成ルベク冬季間ニ於テ皇帝之ヲ召集シテ

國會會期ノ制

通常會期《セツシヨンヲルヂナール》ヲ開キ又時ノ情況ニ於テ要スル片ハ之ヲ召集シテ臨時會期《セツシヨン、エキストラヲルジナール》ヲ開クヿヲ得

決議ノ制

兩院ハ各別ニ開會ス、其決議ノ効力ヲ有センニハ代議士院ニ於テハ議員百員ノ出席ヲ要シ貴族院ニ於テハ議員四十員ノ出席ヲ要ス但決議ハ公許者ノ過半數ヲ以テ之ヲ取ルヿヲ要ス憲法ノ改正ニ關シテハ格別ニシテ此場合ニ於テハ各員議院ノ三分二ノ多數ヲ要ス

○法律ノ制定

法律制定ノ條欵

政府及ヒ各院ハ法律ヲ起議スルノ權ヲ有ス諸般ノ場合ニ於テ新定ノ規則ニ法律ノ力ヲ與ヘンニハ兩院ノ諧同及ヒ皇帝ノ認可ヲ必要トス但皇帝ハ無限ノ不認可權《ベトウアブソリユー》ヲ有スルモノトス

緊急ノ必要アル場合ニ於テ帝國議會《ライグスラート》、集會セサル片ハ政府

ハ詔勅ノ式ヲ用ヒテ國會ノ職權ニ屬スル所ノ處分《ジムユール》ヲ行フヿヲ得但其處分ノ憲法ニ反セサルヿ及ヒ新ニ國庫ノ負債ヲ造ラサルヿ並ニ官有地《ドメーヌ、デター》ヲ賣却スルニ至ラサルヿヲ要ス」

此新規則ハ執政官悉ク之レニ連署スル𪜈ハ假リノ法律タルノ力ヲ有ス但最近ノ會期ノ始メ四週間以內ニ於テ之ヲ帝國議會ニ付シ其許可ヲ得ルヿヲ要ス若シ之ヲ議會ニ付セサルカ又ハ議會ニ於テ之ヲ斥ケタル𪜈ハ假リノ法律タルノ力ヲ失フモノトス

會計法律又ハ徵兵法律ニ關シ數回ノ討議ヲ經タルニ拘ハラス兩院ノ諧同ヲ得サル𪜈ハ其最低數ヲ以テ採用シタルモノト看做スナリ

○召集、延會、解散

國會ノ召集解散ノ制

皇帝ハ帝國議會《ライクスラート》ヲ召集シ及ヒ留延シ並ニ代議士院ヲ解散スルノ權ヲ有ス、代議士院ヲ解散シタル場合ニ於テハ貴族院ノ集會ヲ留延シ而シテ速ニ代議士院ノ新撰擧ヲ行フコヲ要ス

立法任期《レジスラチユール》間ニ欠員ヲ生シタル片ハ其度毎ニ一部ノ撰擧ヲ行フテ之ヲ補充スルコヲ要ス

州議會ノ職權

○州議會

千八百六十七年十二月二十一日ノ建國法ニ於テ帝國議會《ライクスラート》ノ職權ニ属スル所ノ諸件ヲ精密ニ規定シ以テ其目ヲ定限セリ

其目ニ掲ケサル所ノ立法事件ハ都テ帝國議會ノ代理スルライツァ河以西諸地方ノ州議會ノ《ヅエート、プロバンシアール》職權内ニ入レリ余輩ハ本

書ノ範圍ヲ制限セルヲ以テ此諸州議會ノ職務ノ講究ニ渉ルヲ得サルナリ唯此諸州議會ノ一ニ於テ該議會ノ職權ニ屬スル事件ヲ帝國議會ニ於テ議決スヘキト決シタル片ハ無論帝國議會ニ於テ其事件ヲ議決スルヲ得ルモノタルヿヲ明言セシノミ但此ノ如キ場合ニ於テ取リタル決議ハ本州ノ議會ヨリ帝國議會ノ干涉《アンテルバンシヨン》ヲ請求シタル所ノ州内ニ於ケルノ外法律ノ力ヲ有セサルハ無論ナリトス

匈牙利

○沿革

匈牙利ハ歐洲諸國中ニ於テ立憲制度《ナルガニサシヨン、コンスチチユシヨン子ール》ヲ立テタルヿ最モ古キ時代ニアルモノ、…ニシテ其制度ヲ立テタルハ實ニ千二百二十三年ニ係レリ此時以來上院ノ組織ヲ變更シタルコトハ甚タ尠ナカリシガ下院ノ組織ニ至テハ千八百四十八年ノ建國法ニ由テ全ク之ヲ改定シタリ現今國會《ジエート》ハ改革法案ノ議定ニ從事セリ此改革ハ兩院ニ及ホスヘキモノニシテ千八百六十七年ノ約章ニ由テ構造シタル新事態ニ應シ其組織ヲ改メントスルモノナリ

○立法權

ライツァ河以東諸地方ノ特別事務《アツフエール、スペシアール》ニ關スル立法權ハ皇帝兼國王、該地方執政官ノ輔佐ヲ受ケ國會《ジエート》ト共同シテ之ヲ行フ

○貴族院

國會《ジエート》ハ貴族院《シヤムブル、デ、マグナー》及ヒ代議士院ノ二院ヲ以テ之ヲ構成ス

貴族院《シャムブル、デ、マグナー》ハ左ニ列記スル所ノ者ヲ以テ成ル

一 國王ヨリ任シタル高官乃チ大法官《グラン、ジユージユ》、大計官《グラン、トレゾリエー》、遊獵指揮官《グラン、ベヌール》宮內榮譽職ヲ任セラレタル諸侯及ヒプレスブルグノ城塞長官

二 兩院ヨリ各〻推薦セル三員ノ名表ニ就テ國王ノ撰任スル君側守衛官二員

三 大教長《アルシユヴエーク》、教長《エヴエーク》及ヒ基督教教會《コムミユノウテー、カトリツク》ノ長

四 希臘教ノ僧正《プレラート》

五 國王ヨリ任シタル州長官及ヒフイユーム知事《グーベルノール》

六 國王ヨリ成規ニ依リテ任命シ貴族院ノ承諾ヲ經タル諸侯伯及ヒ其宗系ノ卑屬親

七 クロアシーノ議會ヨリ任スル議員二員

貴族院議員ノ條款

○條款

前數項ニ揭ケタル諸員ノ外何人ト雖モ貴族院ノ議員ニ加ハルコトヲ得ス且ツ何人ト雖モ年齡二十四歲ニ滿タサル前該院ニ參列スルノ權ナシ總テ貴族院議員ハ自カラ議場ニ列スヘキナリ代理ヲ以テ公評ヲ爲スハ禁スル所ナリ

貴族院職員

○職員

貴族院ノ議長ハ國王之ヲ任命ス但議長ハ國庫ヨリ俸給ヲ受ク

其副議長モ亦同シク國王之ヲ任命ス

貴族院議員ノ俸給

○償酬

貴族員議院ノ官職ハ全ク無給ニシテ毫モ俸給《トレートマン》並ニ償酬《アムダンニテー》ニ屬セス

代議士院ノ組織

撰擧權ノ條款

〇代議士院

代議士院ハライツァ河以東王國ノ諸州ヨリ制限投票ヲ以テ直接ニ撰擧スル代議士ヲ以テ之ヲ搆成ス其人員左ノ如シ

一所謂ユル匈牙利ヨリハ三百七十七員

一トランシルバニーヨリハ六十九員

一エスクラボニー及ヒクロアシーヨリハ四十員

然モ此最後ノ州ハ會計《ヒナンス》、建築工業《トラホー、ピュブリック》、後備兵《レセルブ、ド、ラルメー》及ヒ外國事務ニ關シテ國會《ジエート》ノ決議ニ從フヘキモノニシテ其他ノ政務ハ都テ本州議會ノ職權内ニ入ルモノトス

〇撰擧權

總テ年齡二十歳以上ニシテ父ノ後見ヲ免カレ及ヒ民權政權ヲ享有スル國民ハ一身若クハ妻子ト共ニ價額三百フロ

ラン〔六百三十七フラン五十サンチーム〕〔按〕凡ソ我百二十七圓五十錢ノ不動產ヲ所有シ又ハ百フロラン〔二百十二フラン五十サンチーム〕〔按〕凡ソ我四十二圓五十錢ノ土地若クハ動產ノ入額アルヿヲ證明スヘキ條款ヲ以テ撰擧權ヲ有ス

撰擧權ヲ失フ條款

○無能力

總テ後見ヲ受ル者、被雇人、復權ヲ得サル家資分散人幷ニ或ル加辱ノ刑ニ處セラレタル者ハ投撰ノ權ヲ失フ

撰擧定稅免除ノ條款

○撰擧定稅ノ免除

左ニ列記スル所ノ者ハ撰擧定稅《サ・フ、エレクトラール》ヲ免除ス

一千八百四十八年前ニ投撰ノ權《トロワー、ド、ボツト》ヲ授ケラレタル國民千八百四十八年前ニハ特ニ貴族及ヒ大學校ノ卒業免狀ヲ授ケラレタル國民ニ投撰ノ權ヲ屬セリ

二王國內ノ都府ニ於テ府民權《ドロワー、ドブール ジヨワジー》ヲ有スル諸人

被撰權ノ條欵

代議士任期

撰擧ノ制

三通常一人若クハ數人ノ助手ヲ用ヒテ作工スル職工長《メートル、ツーブリエー》

四法學士、代言人、醫師、土木師、學士會員、教員及ヒ僧侶

○被撰權

總テ撰擧人ハ年齡滿二十四歲ニ達シ及ヒ匈牙利語ニ通スルトキハ代議士ニ撰マルヽヿヲ得

○任期

代議士ノ任期ハ三ケ年トス

○撰擧ノ法

撰擧ハ毎回立法任期《レジスラチユール》ノ初回會期ヨリ六週間前ニ於テ之ヲ行フヿヲ要ス但法律ニ定ムル撰擧區毎ニ之ヲ爲シ毎區代議士一員ヲ撰出ス其投撰ハ撰擧區ノ首府ニ於テ之ヲ爲ス故ニ撰擧人往返ノ爲メニ大ナル費用ヲ要シ而シテ實際ハ

撰擧人名簿ニ關スル諸則

常ニ候補人《カンシダート》此費用ヲ負擔スルカ故ニ寧ロ候補人ノ為メニ大ナル費用ヲ生スルニ至ルモノトス

○撰擧人名簿

毎年各州議會ニ於テ投撰ニ關スル一切ノ事務ヲ取扱フヿヲ任セラル、中央委員《コミテー、サントラール》ヲ撰任ス此委員ハ其撰任ノ日ヨリ八日内ニ於テ憲法ヲ遵守シ及ヒ公平ニ其職任ヲ盡スヘキノ誓ヲ為シタル後ニ集會シテ本州内ノ撰擧區毎ニ三員ノ特別委員《コミテー、スペシヤール》ヲ撰任ス其特別委員ハ總テ本區内撰擧人ノ調査《レサンスマン》ヲ為スヿヲ掌ルモノトス但中央委員ヨリ其調査時限《ペリヲード、レサンスマン》ヲ始ムヘキ期日ヲ定ム其時限ハ十四日間ニ渉ルヿヲ要スルモノトス

此時限ハ中央委員《コミテー、サントラール》ノ集會シタルトキヨリ二十一日前ニ之ヲ

ヲ始ムルヿヲ得ス又三十一日後ニ之ヲ始ムルヿヲ得サルモノトス
調査時限ヲ定メタルトキハ寺院ニ於テ廣告シ若クハ掲示書ヲ附貼シテ以テ之ヲ撰擧人ニ知ラシム
特別委員《コミテー、スペシャール》ハ指定ノ日ニ於テ各撰擧區首府ノ會堂ニ集會シテ撰擧人名簿査正ヲ行フ之レカ爲メ二個ノ簿册ヲ備ヘ其一ニハ撰擧權ヲ有スルノ證據ヲ供シタル總テノ國民ノ姓名ヲ登記シ及ヒ其撰擧權ヲ許ス所ノ理由ヲ記載スルモノニシテ其二ニハ撰擧權ヲ失フタル舊撰擧人幷ニ十分ナル證左ヲ供セスシテ撰擧人名簿ヘ登錄セヲレンヿヲ請求シタル者ノ姓名ヲ記スルモノトス
此簿册幷ニ調査ニ因テ作ル所ノ調書《プロワセベルバール》ハ之ヲ三通ニ製シ其

一通ハ關係人ノ之ヲ閲覽シテ改正ヲ請求スルヿヲ得セシメンカ爲メニ調査時限ノ間會堂ニ出タシ置キ又一通ハ本州ノ文庫ニ藏納シ他ノ一通ハ内務省ニ送附スルモノトス

調査時限ノ滿期ヨリ十五日以内ニ各特別委員ハ其調査ノ報告書及ヒ之レニ關スル諸書類ヲ中央委員ニ送附ス但特別委員ノ裁決ニ對スル訴ハ中央委員ニ出スヘキモノトス又如何ナル請求《レクラマシヨン》ト雖モ既ニ之ヲ本撰擧區ノ特別委員ヘ出シタル後ニアラサレハ之ヲ中央委員ニ出スヿヲ得サルモノトス

諸區ノ特別委員《コミテー、スペシヤール》ヨリ其報告書幷ニ證據書類ヲ送達シタル後八日以内ニ中央委員ハ集會シテ特別委員ノ調査ニ因リ起リタル請求《レクラマシヨン》ノ審理ヲ行フ中央委員《コミテー、サントラール》ハ此審理ヲ終リタル上ニテ調書ヲ作リ全員之レニ姓名ヲ手署ス但其調書ハ三通ヲ作ルモノニシテ其一通ハ本州ノ文庫ニ藏納シ又一通ハ內務省ニ送附シ他ノ一通ハ該委員之ヲ保存ス

中央委員及ヒ特別委員ノ會議ハ公行トス

○撰擧人ノ召集

國會《ジエート》開會ノ日知レタル片ハ撰擧ノ日ヨリ少クモ四週間前ニ中央委員《コミテー、サントラール》國會召集ノ王勅ヲ公布シ每撰擧區ニ於テ撰擧《ビユロウ、》事務局《デレクシヨン》員ヲ撰任ス該局ハ局長一員書記一員及ヒ補員二員ヲ以テ之ヲ搆成ス

又中央委員ハ撰擧ノ日時ヲ定メ及ヒ各自ノ投撰《ボツト、アンジビシユヱール》若クハ再投撰ノ塲合ニ於テ其投撰ハ高聲ヲ擧ケテ之ヲ爲スヘキカ

若クハ暗投票ヲ用ヒテ之ヲ爲スヘキカヲ決定ス
該委員ノ決定ハ各撰擧區ニ於テ撰擧事務局長之ヲ公衆ニ
知ラシム

○撰擧

中央委員《コミテー、サントラール》ヨリ定メタル日時ニ於テ撰擧事務局《ビユロウ、デレクシヨン》ノ長及ヒ副長ハ本撰擧區首府ノ會堂ニ赴キ該所ニ於テ集會セル撰擧人ノ面前ニテ撰擧ノ事務ヲ行フ

撰擧人ハ自カラ撰擧會ニ出ルヿヲ要ス名代ヲ以テ投撰ヲ爲スハ禁スルモノトス

都テ撰擧人ハ候補人《カンジダー》ヲ推薦スルヿヲ得但其候補人ノ被撰《エリジビリテー》權ノ條欵ヲ具備スル證據ヲ局長ニ提供スルヿヲ要ス

推薦セラレタル候補人一人ノミニシテ其分限《カンジダチユル》ニ付キ異論

ヲ生セサル𪜈ハ事務局長該候補人ヲ全撰擧人ノ同意ヲ以テ代議士ニ撰マレタルモノト公告ス

之レニ反シテ數名ノ候補人推薦セラレタルカ若クハ撰擧人十名ヨリ請求スル𪜈ハ各自ノ投撰《ボツト、アンジビジユエール》ヲ行フモノトス

各候補人ノ黨員《パルチザン》ハ撰擧人二名ヲ指定シテ撰擧事務局長ヲ補佐セシムルヿヲ要ス但撰擧會ノ取締及ヒ兵力ヲ要求スルノ權等ハ局長之ヲ有ス

撰擧ヲ行フ時間ハ定限ナシ總テ集會シタル撰擧人中ニ於テ未タ投撰ヲ爲サヽル者アル間ハ之ヲ繼續ス

高聲ヲ擧テ投撰ヲ爲ス𪜈ハ各撰擧人ハ其撰ム所ノ候補人ヲ事務局ニ指示シ該局ニ於テハ撰擧人名簿上本人姓名ノ傍ヘ該候補人ノ姓名ヲ登記ス

暗投票ヲ用ヒテ投撰ヲ為ス時ハ撰擧人ハ其撰ム所ノ候補人ノ姓名ヲ票牌ニ記シ封緘シテ之ヲ撰擧事務局員ノ監督スル投票函ニ投入ス但本州ノ中央委員ヨリ他ノ投撰法ヲ指示セシ時ハ格別トス

再投撰ノ規則

○再投撰

候補人中ニ於テ何レモ投票ノ過半數ヲ得サリシ時ハ直チニ其會ニ於テ再投撰《バロダ1ジユ》ヲ行ヒ若クハ遲クモ撰擧ノ翌日ニ之ヲ行フ

再投撰ハ豫シメ中央委員ヨリ命シタル程式ヲ以テ之ヲ為ス此場合ニ於テハ比例多數ヲ以テ撰擧ヲ決ス

投票開披ノ處

○投票ノ開披

右何レノ場合ニ於テモ投票ノ開披《デブイーユマン、デ、ボツト》ハ撰擧事務局ニ於テ之

代議士分限ノ審査

ヲ為ス而シテ投撰ノ結果ヲ知リタレハ乃チ直チニ局長之ヲ公告ス

然ル後撰擧事務局ニ於テ撰擧ノ調書三通ヲ作リ其一通ハ代議士ニ渡シテ其授任證書《プレベー》ト為シ他ノ一通ハ本州ノ文庫《アルシーブ》ニ藏納シ又他ノ一通ハ執政官廳ニ送附ス

○分限ノ審査辭職

代議士院ニ於テノミ獨リ代議士分限《プボワール》ノ有効ナルヤ否ヤヲ審判スルノ權ヲ有シ且ツ總テ撰擧上ノ爭訟ニ就キ終審ノ裁決ヲ為ス又代議士ノ辭職《デシツシヨン》ヲ許否スルモ該院ニ於テス但辭職ヲ許可シ若クハ死去シタルノ場合ニ於テハ上ニ開陳シタル所ノ式ヲ用ヒテ立法任期《レヂスラチコール》中ニ生スル所ノ欠員ヲ補充ス

代議士院職員
撰任ノ制

代議士ノ償酬

○職員

代議士院ハ暗投票《スクリユタン、セリレー》ヲ以テ其職員ヲ撰任ス議長及ヒ副議長ハ立法任期《レジスラチユール》ノ全時間（三年間）之ヲ任シ其他ノ職員ハ毎回會期ノ始メニ於テ之ヲ撰擧ス但議長ハ一ケ年一万二千フロラン（三万五千フラン）（按）凡ソ我五千圓ノ償酬《アムダンニーテ》ヲ受ク

○償酬

各代議士ハ會期《セッション》間（休暇時間ヲ除クノ外）五フロラン（十フラン六十サンチーム）（按）凡ソ我二圓十二錢ノ日給ヲ受ク且ツ宿料トシテ八百フロラン（千七百フラン）（按）凡ソ我カ三百四十圓ノ償酬《アムダンニーテ》ヲ受ル權利ヲ有ス此償酬ハ之ヲ辭スルコヲ得ス

○會期

國會ハ毎年國王ノ召集ニ由テ成ルヘク冬季間通常會期ヲ

國會會期ノ制

開キ又國王之ヲ必要ト思惟スル毎ニ臨時會期ヲ開ク但國會ヲ搆成スル所ノ兩院中何レモ他ノ一院ノ會期時限外ニ於テ集會スルヿヲ得ス國會ノ會場ハペストビュード府トス

法律認可ノ條欵

○法律ノ制定

總テ新ニ立法上ノ規則ヲ定ムルニハ兩院ノ諾同及ヒ國王ノ認可《サンクション》ヲ必要トス法律起草ノ權《イニシヤチーブデ、ロワー》ハ各ゝ此三大權ニ屬ス

○認可、解散

法律制定ノ條欵

法律ヲ認可スルノ權ハ國王ニ屬ス國王ハ無限ノ不認可權《ベトロアブソリユート》ヲ有ス其認可ハ兩院ニ於テ法律ヲ議決スルニ應シテ逐次之ヲ為シ成ハ毎回會期ノ終リニ於テ纏メテ之ヲ為ス

國會解散ノ條

國王ハ國會ヲ解散《ジユート》シ及ヒ其集會ヲ留延スルヿヲ得然圧國會ヲ解散シタル圧ハ三ケ月以上ヲ隔ツヘカラサル期限內

款

拉馬尼

ニ於テ新ニ國會ヲ召集スルコヲ要ス
何レノ場合ト雖モ會計豫算書《ビユシエー》ヲ議決スル前ニ國會ヲ解散シ若クハ其集會ヲ留延スルコヲ得ス

○會議公行

國會ノ會議ハ公行トス

拉馬尼

○立法權

千八百六十六年六月三十日以來拉馬尼ヲ管治スル所ノ憲法ニ於テ立法權ヲ國君及ヒ國會《レプレザンタシヨン、ナシヨナール》ニ屬セリ

代議士院ノ組織

撰擧會ノ制

國會ハ元老院《セナート》及ヒ代議士院《シャムブル、デピュテー》ノ二院ニ分ツ

○代議士院

代議士院ハ法律ニ由テ諸州ノ間ニ配附シ而シテ制限投票《シュフラージュ、レストレイント》ヲ以テ撰擧スル所ノ議員ヲ以テ之ヲ構成ス現今議員ノ人員八百四十五員トス

○撰擧會

毎州ニ於テ撰擧會ヲ分ツテ四會ト爲ス

第一撰擧《コレジヨ》會ハ少クモ三百ジユカート（凡ソ三千六百フラン）（按凡我カ七百二十圓）ノ土地ノ入額ヲ有スル國民ヲ以テ之ヲ組織ス

第二撰擧會ハ百ジユカート以上三百ジユカート以下（千二百フラン以上三千六百フラン以下）（按凡ソ我二百四十圓以上七百二十圓以下）ノ入額ヲ有スル國民ヲ以テ之ヲ組織ス

第三撰擧會ハ八十ピヤストル〔十九フラン二十サンチーム〔按〕凡ソ我三圓八十四錢ノ租税ヲ政府ニ納ル、商工ヲ包含ス但總テ學《プロ》術上ノ職業《ヘッションリベラール》ヲ行フ諸人退職士官及ヒ政府ヨリ恩給《パンション》ヲ受ル者ハ皆撰擧定税《サンスエレクトラール》ヲ納ル、ノ條欵ナクシテ此部類中ニ包含ス

第四撰擧會ハ若干ノ租税ヲ政府ニ納レ前項ノ諸部類中ニ入ラサル所ノ諸人ヲ悉ク包含ス

第一ヨリ第三ニ至ル三撰擧會ニ於テハ其撰擧ハ直接ニ爲スモノトス第一及ヒ第二撰擧會ヨリハ各〻毎州代議士一員テ撰擧ス第三撰擧會ハ憲法ニ於テ人口ニ應スル比例ヲ以ヲ諸州ノ間ニ配附セル五十八員ノ代議士ヲ撰擧ス

第四撰擧會ハ重複撰擧ヲ以テ毎州代議士一員ヲ撰擧ス各

邑ノ撰擧人ハ初級撰擧人五十人ニ付キ上級撰擧人一人ヲ撰任ス然ル後上級撰擧人州ノ首府ニ集會シテ代議士ノ撰擧ヲ行フ

總テ撰擧人名簿ハ収税名簿《ロール、デ、コントリビユシヨン》又ハ租税領収役《ペルセプトウル》ノ収證《キツタンス》及ヒ告《アベ》知書《ルチスマン》ヲ用ヒテ州官之ヲ調製ス

○撰擧權

撰擧人トナルニハ撰擧定税ヲ納ルヘキ條欵ノ外尙ホ出產ニ因テ拉馬尼人タルヿ若クハ拉馬尼國ニ歸化シタルヿ年齡滿二十一歲以上タルヿ、自己ノ身體及ヒ財產ヲ自由ニ處分スルノ權ヲ有スルヿ、毫モ民權又ハ政權ノ無能力ニ觸レサルヿ及ヒ撰擧ヲ行フ所ノ州ニ於テ住居スルヿヲ要ス

○被撰權

被撰權ノ條款

被撰權《エリジビリチー》ニ付テ要スル條款ハ左ニ揭ル所ノモノトス

一出產ニ因テ拉馬尼人タルヿ又ハ大歸化免狀《グランドナチユラリザシヨン》ヲ得タルヿ

二民權及ヒ政權ヲ享有スルヿ

三年齡滿二十五歲以上タルヿ

四拉馬尼國ニ住スルヿ

兼任制禁ノ條款

○兼任ノ制禁

代議士ノ任ハ總テ行政ノ職務〔執政官及ヒ邑長ノ職務ヲ除クノ外〕ト之ヲ兼任スルヿヲ得ス

舊官吏ハ其職ヲ辭シテヨリ少クモ十五日ヲ經過シタルニアラサレハ代議士ニ撰マルヽヿヲ得ス

服役中ノ軍人モ亦同シク代議士ニ撰マルヽヿヲ得ス

代議士任期

代議士ノ償酬

元老院ノ組織

○任期

代議士院議員ノ任期ハ四ケ年ニシテ其期限ノ終リニ至リ全員ヲ更撰ス

○償酬

代議士院議員ハ其職務ヲ行フニ費ス所ノ時間ノ為メニ償酬ヲ受ク

各代議士ハ會議毎ニ二ジュカート〔二十四フラン〕〔按〕凡ソ我カ四圓八十錢ノ出席給《ジエドンデ、プレザンス》ヲ受ル權利アリ

○元老院

元老院ハ權利議院《マンブルドドロワー》ト撰任議員《マンブル、エリユウ》トヲ以テ之ヲ構成ス

權利議員ハ左ニ列記スル所ノ者トス

一太子但年齡十八歳ニ至リ元老院ニ參列ス尤モ二十五

元老議員撰擧ノ制

歳ニ至ラサレハ決議公評ニ關與スルノ權ナシ

二大教長及ヒ教長

○元老議員ノ撰擧

撰擧ヲ以テ任スル元老議員ハ毎州二員ノ比例ヲ以テ之ヲ撰擧ス其一員ハ少クモ三百ジュカート〔三千六百フラン〕〔按〕凡我カ七百二十圓ノ土地ノ入額ヲ有スル州内村落ノ地主ヨリ之ヲ撰擧シ他ノ一員ハ少クモ三百ジュカートノ入額アル不動產ヲ有スル州内都會ノ住民ヨリ之ヲ撰擧ス

此後段ノ部類ニ屬スル撰擧人百名在ラサル都會ニ於テハ三百ジュカート以下百ジュカート以上〔三千六百フラン以下千二百フラン以上〕〔按〕凡我カ七百二十圓以下二百四十圓以上ノ土地ノ入額ヲ有スル州内ノ地主中最多額ノ税ヲ納ルヽ者ヲ取リ及ヒ村落ノ地

主ヨリモ都會ノ地主ヲ取リテ以テ此人員ヲ補フ若シ最多額ノ税ヲ納ルヽ者ノ中ニテ同一ノ入額ヲ有スル者許多アリテ其人員百名ヲ超ユルトキハ其過剩ヲ取除クハ抽籤ヲ以テス

此兩撰擧會ハ各別ニ投撰シ各元老議員一員ヲ撰擧ス

元老議員ノ撰擧人ハ右ニ記載シタル撰擧定税ノ條欵ノ外尙ホ法律ニ定ムル國民タルノ條欵及ヒ年齡住居幷ニ民權政權ノ條欵ヲ具備スルコトヲ要ス

撰擧定税ヲ納ルヽ諸人ノ撰擧會ヨリ撰擧スル元老議員ノ外尙ホ二員ノ元老議員ヲ加フ卽チ其一員ハジャシーノ大學校ヨリ又一員ハビュシャレストノ大學校ヨリ其教員中ニ就テ之ヲ撰任ス

元老議員被撰權ノ條款	撰擧定税免除ノ條款
○被撰權 元老議員ニ撰マルヽニハ左ノ條款ヲ具備スルヿヲ要ス 一出産ニ因テ拉馬尼人タルヿ又ハ歸化シタルヿ 二民權及ヒ政權ヲ享有スルヿ 三拉馬尼ニ住居スルヿ 四年齡少クモ四十歳タルヿ 五種類ノ如何ヲ問ハス式ニ依テ證明シタル八百ジュカート〔九千六百フラン〕〔按〕凡ソ我カ千九百二十圓ノ入額ヲ有スルヿ ○撰擧定税ノ免除	左ニ列記スル所ノ者ハ撰擧定税《サンス、エレクトラール》ヲ免除ス 一立法議會《アッサンブレー、レヂスラチーブ》〔按〕代議士院ノ舊議長及ヒ舊副議長 二三回立法議會ノ員ニ加ハリタル代議士

三 將官
四 三年其位階ニ在ル所ノ大佐《コロ子ル》
五 舊執政官及ビ外交官
六 一年間裁判所長、檢事長又ハ大審院法官ノ職務ヲ勤メタル舊官吏
七 何レノ學校ニ於ケルヲ問ハス六年間職務ヲ行ヒタル法律博士及ビ法學士

○任期

元老議員ノ任期ハ八ケ年ニシテ四年毎ニ其半數ヲ更撰ス是レカ爲メ抽籤ヲ以テ毎州一員ヲ指定ス解散ノ場合ニ於テハ元老議員ノ全員ヲ更撰ス

○償酬

兩院會期ノ制

兩院職員撰任ノ制

元老議員ハ俸給幷ニ償酬ヲモ受ルヿナシ

○會期

元老院及ヒ代議士院ハ同時ニ於テ各別ニ開會ス此兩院中一院ノ會期時限外ニ於テ開キタル他ノ一院ノ會議《セアンス》ハ無論無効トス

兩院ハ各〻其議員ノ分限《プーボツール》ヲ審査シ及ヒ其審査ニ因テ起ル所ノ爭訟ニ就テ終審ノ判決ヲ爲ス

兩院ノ會議ハ公行トス然モ兩院ハ議長若クハ議員十員ノ請求ニ依リ秘密會議ヲ開クヿヲ得

○職員

每回會期《セッション》ニ於テ兩院ハ各〻其議長副議長及ヒ其他ノ職員ヲ撰擧ス

法律制定ノ條款

國會召集ノ條款

〇法律ノ制定

都テ法律ハ兩院及國君ノ承諾《サツサンチマン》ヲ要ス但兩院ノ多數ヲ以テ討議評決シタル後ニ非レハ國君ノ認可《サンクシヨン》ニ付スルヿヲ得ス兩院各〻法ニ適シテ會議ヲ開クニハ其議員全員ノ多數出席スルヿヲ要ス決議ハ一二特別ノ塲合ヲ除クノ外公評ノ過半數ヲ以テ之ヲ取リ可否相半ハスル片ハ其起議《プロポジシヨン》ヲ斥ク法律起草《イニシヤチーブ、デ、ロワー》ノ權ハ立法三大權ノ各自ニ屬ス然𪜈政府ノ會計豫算若クハ徴兵ノ賦額ニ關スル法律ハ先ツ代議士院ニ於テ評決スルヿヲ要ス

〇認可、召集、解散

元老院及ヒ代議士院ハ毎年九月十五日以前ニ國君ヨリ召集セサル片ハ別ニ召集ナクシテ同日ニ集會ス但此通常會

期ノ時間ハ三ケ月トス

法律認可ノ條款

國君ハ兩院ノ議決シタル議案ニ對シテ常ニ認可ヲ拒ムヿヲ得、法律ノ布告ハ國君之ヲ爲ス

國君ハ必要ト思惟スル毎ニ兩院ヲ召集シテ臨時會期ヲ開クヿヲ得

國會解散ノ條款

國君ハ兩院若クハ兩院中ノ一院ヲ解散スルノ權ヲ有ス然𪜈其解散ノ布令ヲ以テ二ケ月内ニ撰擧人ヲ召集シ八ケ月内ニ兩院ヲ召集スルヿヲ要ス

又國君ハ兩院ノ集會ヲ留延スルヿヲ得然𪜈兩院ノ承諾ナクシテ一ケ月以上留延スルヿヲ得ス且ツ同一ノ會期中ニ再度留延スルヿヲ得ス

歐米各國代議法鑑第二卷終

明治十五年九月廿五日版權免許
明治十六年三月三十日出版

定價金五拾錢

譯者　廣島縣士族　米田精
東京四谷區左門町七拾二番地

出版兼刊行所　自由出版會社
東京々橋區竹川町十九番地

自由出版會社刊行書目

○第一回之部

英國トッド著　尾崎行雄譯

○英國議院政治論　原名パーレメンタリー、ガヴアメント　全十冊

内

内閣更迭史　一冊百七十五ページ定價金五拾五錢　社員賣渡金三十錢二厘九毛

内閣會議篇　一冊三百十八ページ定價金壹圓二十錢　社員賣渡金六拾六錢

至尊一名王室篇　一冊百卅八ページ定價金四拾五錢　社員賣渡金廿四錢七厘五毛

英國ベンサム著　藤田四郎譯

○政治眞論一名主權辨妄　全　一冊百九十二ページ定價金七十錢　社員賣渡金三十八錢五厘

中村義三編纂

○内外政黨事情　全　一冊二百六ページ定價金七十錢　社員賣渡金三十八錢五厘

但政治眞論内外政黨事情ノ兩書ハ當時切賣候(但シ再版不仕候)

○第二回之部

○英國議院政治論　總論幷ニ制度沿革史　合卷　全十冊內
一冊百廿七ペーヂ定價金四十五錢
社員賣渡金廿五錢

佛國シャルボンニエー著　米田精譯
○歐米各國代議法鑑　全四卷內
第一卷　白耳義、嗹馬、西班牙、佛蘭西、瑞士、希臘之部
一冊百廿六ペーヂ定價金四十五錢社員賣渡金廿五錢

英國ロルド、ロッテスレー著　青木匡譯
○政法原論　全四冊內第一卷
一冊百廿ペーヂ定價金四十五錢
社員賣渡金廿五錢

佛國ナケー著　奧宮健之譯
○共和原理　上下二卷內上卷
一冊三百十四ペーヂ定價金壹圓
社員賣渡金五十五錢

藤田四郎著
○歐米政黨沿革史　全四冊內一卷
一冊二百四十ペーヂ定價八十五錢
社員賣渡四十六錢八厘

總論之部

英國バックル原著土居光華漆間眞學合譯
○自由之理評論　全　一冊貳百ページ定價七十錢　社員賣渡三拾八錢五厘

○第三回之部

○英國議院政治論　全十冊內
王權政府諸會議篇
議院政府樞密院篇　合卷　一冊百十ページ定價金四十錢　社員賣渡金二十二錢

○共和原理　上下二冊　內下卷　一冊三百ページ定價金壹圓　社員賣渡金二十二錢
英國マッケンジー著　川又茁譯

○歐米十九世紀政事沿革史　全三卷　內上卷　一冊三百廿ページ定價金壹圓十錢　社員賣渡金六拾錢〇五厘
英國スチーベン著　小林營智譯

○自由平等論　上下二冊　內上卷　一冊三百ページ定價金一圓　社員賣渡金五十五錢
佛國ギゾー著　漆間眞學重譯

○歐洲代議政體起原史　全四冊内第一卷
（一冊三百ページ定價金一圓十錢
社員賣渡金六拾錢〇五厘）

○第四回之部

英國メー著　島田三郎　乘竹孝太郎同譯

○英國憲法史　國王之威權幷特權　全十二冊之内第一卷
（一冊二百十ページ定價金七拾五錢
社員賣渡金三十七錢五厘）

○英國議院政治論　内閣執政篇　全十冊之内第五卷
（一冊四百ページ定價金壹圓四錢
社員賣渡金四拾二錢五厘）

○歐米各國代議法鑑　全四冊之内
第二卷　日耳曼帝國、普魯士、巴威也拉、薩克斯、瓦敦堡、澳地利匈牙利、拉馬尼之部
（一冊百四十ページ定價金五拾錢
社員賣渡金二十五錢）

○政法原論　全四冊之内第二卷
（一冊百廿ページ定價金四十五錢
社員賣渡金二十二錢五厘）

佛國ベルモレー著　林庸介譯

○社會論　全三冊之內第一卷　一冊二百ページ定價金七拾錢　社員賣渡金三十五錢

英國フォーセット著　澁谷慥爾譯

○政治談　全二卷之內上卷　一冊三百ページ定價金一圓　社員賣渡金五拾錢

以上

書籍再版稟告

本社出版第一回ヨリ第三回ニ至ル書籍ノ儀既ニ豫約期限相切候處尚新入社諸君ノ便利ヲ謀リ前記書目之通リ再版致從前ノ社員賣渡代價一割増ニテ發賣仕候間陸續御愛顧被降度奉希候以上

明治十六年三月

東京京橋區竹川町十九番地

自由出版會社

歐米各國代議法鑑　第一巻・第二巻　　別巻 1438

2025(令和７)年２月20日　　復刻版第１刷発行

著　者　シャルボンニエー
訳　者　米　田　　精
発行者　今　井　　貴
発行所　信　山　社　出　版
〒113-0033　東京都文京区本郷６-２-９-102
モンテベルデ第２東大正門前
電　話　03 (3818) 1019
ＦＡＸ　03 (3818) 0344
郵便振替　00140-2-367777(信山社販売)

Printed in Japan.

制作／(株)信山社，印刷・製本／松澤印刷・日進堂

ISBN 978-4-7972-4451-9 C3332

別巻　巻数順一覧【1349 ～ 1530 巻】※網掛け巻数は、2021 年 11 月以降刊行

巻数	書　名	編・著・訳者 等	ISBN	定　価	本体価格
1349	國際公法	W・E・ホール、北條元篤、熊谷直太	978-4-7972-8953-4	41,800 円	38,000 円
1350	民法代理論 完	石尾一郎助	978-4-7972-8954-1	46,200 円	42,000 円
1351	民法總則編物權編債權編實用詳解	清浦奎吾、梅謙次郎、自治館編輯局	978-4-7972-8955-8	93,500 円	85,000 円
1352	民法親族編相續編實用詳解	細川潤次郎、梅謙次郎、自治館編輯局	978-4-7972-8956-5	60,500 円	55,000 円
1353	登記法實用全書	前田孝階、自治館編輯局(新井正三郎)	978-4-7972-8958-9	60,500 円	55,000 円
1354	民事訴訟法精義	東久世通禧、自治館編輯局	978-4-7972-8959-6	59,400 円	54,000 円
1355	民事訴訟法釋義	梶原仲治	978-4-7972-8960-2	41,800 円	38,000 円
1356	人事訴訟手續法	大森洪太	978-4-7972-8961-9	40,700 円	37,000 円
1357	法學通論	牧兒馬太郎	978-4-7972-8962-6	33,000 円	30,000 円
1358	刑法原理	城數馬	978-4-7972-8963-3	63,800 円	58,000 円
1359	行政法講義・佛國裁判所構成大要・日本古代法 完	パテルノストロ、曲木如長、坪谷善四郎	978-4-7972-8964-0	36,300 円	33,000 円
1360	民事訴訟法講義〔第一分冊〕	本多康直、今村信行、深野達	978-4-7972-8965-7	46,200 円	42,000 円
1361	民事訴訟法講義〔第二分冊〕	本多康直、今村信行、深野達	978-4-7972-8966-4	61,600 円	56,000 円
1362	民事訴訟法講義〔第三分冊〕	本多康直、今村信行、深野達	978-4-7972-8967-1	36,300 円	33,000 円
1505	地方財政及税制の改革〔昭和12年初版〕	三好重夫	978-4-7972-7705-0	62,700 円	57,000 円
1506	改正 市制町村制〔昭和13年第7版〕	法曹閣	978-4-7972-7706-7	30,800 円	28,000 円
1507	市制町村制 及 関係法令〔昭和13年第5版〕	市町村雑誌社	978-4-7972-7707-4	40,700 円	37,000 円
1508	東京府市区町村便覧〔昭和14年初版〕	東京地方改良協会	978-4-7972-7708-1	26,400 円	24,000 円
1509	改正 市制町村制 附 施行細則・執務條規〔明治44年第4版〕	矢島誠進堂	978-4-7972-7709-8	33,000 円	30,000 円
1510	地方財政改革問題〔昭和14年初版〕	高砂恒三郎、山根守道	978-4-7972-7710-4	46,200 円	42,000 円
1511	市町村事務必携〔昭和4年再版〕第1分冊	大塚辰治	978-4-7972-7711-1	66,000 円	60,000 円
1512	市町村事務必携〔昭和4年再版〕第2分冊	大塚辰治	978-4-7972-7712-8	81,400 円	74,000 円
1513	市制町村制逐条示解〔昭和11年第64版〕第1分冊	五十嵐鑛三郎、松本角太郎、中村淑人	978-4-7972-7713-5	74,800 円	68,000 円
1514	市制町村制逐条示解〔昭和11年第64版〕第2分冊	五十嵐鑛三郎、松本角太郎、中村淑人	978-4-7972-7714-2	74,800 円	68,000 円
1515	新旧対照 市制町村制 及 理由〔明治44年初版〕	平田東助、荒川五郎	978-4-7972-7715-9	30,800 円	28,000 円
1516	地方制度講話〔昭和5年再版〕	安井英二	978-4-7972-7716-6	33,000 円	30,000 円
1517	郡制注釈 完〔明治30年再版〕	岩田德義	978-4-7972-7717-3	23,100 円	21,000 円
1518	改正 府県制郡制講義〔明治32年初版〕	樋山廣業	978-4-7972-7718-0	30,800 円	28,000 円
1519	改正 府県制郡制〔大正4年 訂正21版〕	山野金蔵	978-4-7972-7719-7	24,200 円	22,000 円
1520	改正 地方制度法典〔大正12第13版〕	自治研究会	978-4-7972-7720-3	52,800 円	48,000 円
1521	改正 市制町村制 及 附属法令〔大正2年第6版〕	市町村雑誌社	978-4-7972-7721-0	33,000 円	30,000 円
1522	実例判例 市制町村制釈義〔昭和9年改訂13版〕	梶康郎	978-4-7972-7722-7	52,800 円	48,000 円
1523	訂正 市制町村制 附 理由書〔明治33年第3版〕	明昇堂	978-4-7972-7723-4	30,800 円	28,000 円
1524	逐条解釈 改正 市町村財務規程〔昭和8年第9版〕	大塚辰治	978-4-7972-7724-1	59,400 円	54,000 円
1525	市制町村制 附 理由書〔明治21年初版〕	狩谷茂太郎	978-4-7972-7725-8	22,000 円	20,000 円
1526	改正 市制町村制〔大正10年第10版〕	井上圓三	978-4-7972-7726-5	24,200 円	22,000 円
1527	正文 市制町村制 並 選挙法規 附 陪審法〔昭和2年初版〕	法曹閣	978-4-7972-7727-2	30,800 円	28,000 円
1528	再版増訂 市制町村制註釈 附 市制町村制理由[明治21年増補再版]	坪谷善四郎	978-4-7972-7728-9	44,000 円	40,000 円
1529	五版 市町村制例規〔明治36年第5版〕	野元友三郎	978-4-7972-7729-6	30,800 円	28,000 円
1530	全国市町村便覧 附 全国学校名簿〔昭和10年初版〕第1分冊	藤谷崇文館	978-4-7972-7730-2	74,800 円	68,000 円

別巻　巻数順一覧【1309 ～ 1348 巻】※網掛け巻数は、2021 年 11 月以降刊行

巻数	書　名	編・著・訳者　等	ISBN	定　価	本体価格
1309	監獄學	谷野格	978-4-7972-7459-2	38,500 円	35,000 円
1310	警察學	宮國忠吉	978-4-7972-7460-8	38,500 円	35,000 円
1311	司法警察論	高井賢三	978-4-7972-7461-5	56,100 円	51,000 円
1312	増訂不動産登記法正解	三宅徳業	978-4-7972-7462-2	132,000 円	120,000 円
1313	現行不動産登記法要義	松本修平	978-4-7972-7463-9	44,000 円	40,000 円
1314	改正民事訴訟法要義 全〔第一分冊〕	早川彌三郎	978-4-7972-7464-6	56,100 円	51,000 円
1315	改正民事訴訟法要義 全〔第二分冊〕	早川彌三郎	978-4-7972-7465-3	77,000 円	70,000 円
1316	改正強制執行法要義	早川彌三郎	978-4-7972-7467-7	41,800 円	38,000 円
1317	非訟事件手續法	横田五郎、三宅徳業	978-4-7972-7468-4	49,500 円	45,000 円
1318	旧制對照改正官制全書	博文館編輯局	978-4-7972-7469-1	85,800 円	78,000 円
1319	日本政体史 完	秦政治郎	978-4-7972-7470-7	35,200 円	32,000 円
1320	萬國現行憲法比較	辰巳小二郎	978-4-7972-7471-4	33,000 円	30,000 円
1321	憲法要義 全	入江魁	978-4-7972-7472-1	37,400 円	34,000 円
1322	英國衆議院先例類集 巻之一・巻之二	ハッセル	978-4-7972-7473-8	71,500 円	65,000 円
1323	英國衆議院先例類集 巻之三	ハッセル	978-4-7972-7474-5	55,000 円	50,000 円
1324	會計法精義　全	三輪一夫、松岡萬次郎、木田川奎彦、石森憲治	978-4-7972-7476-9	77,000 円	70,000 円
1325	商法汎論	添田敬一郎	978-4-7972-7477-6	41,800 円	38,000 円
1326	商業登記法 全	新井正三郎	978-4-7972-7478-3	35,200 円	32,000 円
1327	商業登記法釋義	的場繁次郎	978-4-7972-7479-0	47,300 円	43,000 円
1328	株式及期米裁判例	繁田保吉	978-4-7972-7480-6	49,500 円	45,000 円
1329	刑事訴訟法論	溝淵孝雄	978-4-7972-7481-3	41,800 円	38,000 円
1330	修正刑事訴訟法義解 全	太田政弘、小濵松次郎、緒方惟一郎、前田兼寶、小田明次	978-4-7972-7482-0	44,000 円	40,000 円
1331	法律格言・法律格言義解	H・ブルーム、林健、鶴田忞	978-4-7972-7483-7	58,300 円	53,000 円
1332	法律名家纂論	氏家寅治	978-4-7972-7484-4	35,200 円	32,000 円
1333	歐米警察見聞録	松井茂	978-4-7972-7485-1	38,500 円	35,000 円
1334	各國警察制度・各國警察制度沿革史	松井茂	978-4-7972-7486-8	39,600 円	36,000 円
1335	新舊對照刑法蒐論	岸本辰雄、岡田朝太郎、山口慶一	978-4-7972-7487-5	82,500 円	75,000 円
1336	新刑法論	松原一雄	978-4-7972-7488-2	51,700 円	47,000 円
1337	日本刑法實用 完	千阪彦四郎、尾崎忠治、簑作麟祥、西周、宮城浩藏、菅生初雄	978-4-7972-7489-9	57,200 円	52,000 円
1338	刑法實用詳解〔第一分冊〕	西園寺公望、松田正久、自治館編輯局	978-4-7972-7490-5	56,100 円	51,000 円
1339	刑法實用詳解〔第二分冊〕	西園寺公望、松田正久、自治館編輯局	978-4-7972-7491-2	62,700 円	57,000 円
1340	日本商事會社法要論	堤定次郎	978-4-7972-7493-6	61,600 円	56,000 円
1341	手形法要論	山縣有朋、堤定次郎	978-4-7972-7494-3	42,900 円	39,000 円
1342	約束手形法義解 全	梅謙次郎、加古貞太郎	978-4-7972-7495-0	34,100 円	31,000 円
1343	戸籍法 全	島田鐵吉	978-4-7972-7496-7	41,800 円	38,000 円
1344	戸籍辭典	石渡敏一、自治館編輯局	978-4-7972-7497-4	66,000 円	60,000 円
1345	戸籍法實用大全	勝海舟、梅謙次郎、自治舘編輯局	978-4-7972-7498-1	45,100 円	41,000 円
1346	戸籍法詳解〔第一分冊〕	大隈重信、自治館編輯局	978-4-7972-7499-8	62,700 円	57,000 円
1347	戸籍法詳解〔第二分冊〕	大隈重信、自治館編輯局	978-4-7972-8950-3	96,800 円	88,000 円
1348	戸籍法釋義 完	板垣不二男、岡村司	978-4-7972-8952-7	80,300 円	73,000 円

別巻　巻数順一覧【1265 ～ 1308 巻】

巻数	書　名	編・著・訳者 等	ISBN	定　価	本体価格
1265	行政裁判法論	小林魁郎	978-4-7972-7386-1	41,800 円	38,000 円
1266	奎堂餘唾	清浦奎吾、和田鍊太、平野貞次郎	978-4-7972-7387-8	36,300 円	33,000 円
1267	公證人規則述義 全	箕作麟祥、小松濟治、岸本辰雄、大野太衛	978-4-7972-7388-5	39,600 円	36,000 円
1268	登記法公證人規則詳解 全・大日本登記法公證人規則註解 全	鶴田皓、今村長善、中野省吾、奥山政敬、河原田新	978-4-7972-7389-2	44,000 円	40,000 円
1269	現行警察法規 全	内務省警保局	978-4-7972-7390-8	55,000 円	50,000 円
1270	警察法規研究	有光金兵衛	978-4-7972-7391-5	33,000 円	30,000 円
1271	日本帝國憲法論	田中次郎	978-4-7972-7392-2	44,000 円	40,000 円
1272	國家哲論	松本重敏	978-4-7972-7393-9	49,500 円	45,000 円
1273	農業倉庫業法制定理由・小作調停法原義	法律新聞社	978-4-7972-7394-6	52,800 円	48,000 円
1274	改正刑事訴訟法精義〔第一分冊〕	法律新聞社	978-4-7972-7395-3	77,000 円	70,000 円
1275	改正刑事訴訟法精義〔第二分冊〕	法律新聞社	978-4-7972-7396-0	71,500 円	65,000 円
1276	刑法論	島田鐵吉、宮城長五郎	978-4-7972-7398-4	38,500 円	35,000 円
1277	特別民事訴訟論	松岡義正	978-4-7972-7399-1	55,000 円	50,000 円
1278	民事訴訟法釋義 上巻	樋山廣業	978-4-7972-7400-4	55,000 円	50,000 円
1279	民事訴訟法釋義 下巻	樋山廣業	978-4-7972-7401-1	50,600 円	46,000 円
1280	商法研究 完	猪股淇清	978-4-7972-7403-5	66,000 円	60,000 円
1281	新會社法講義	猪股淇清	978-4-7972-7404-2	60,500 円	55,000 円
1282	商法原理 完	神崎東藏	978-4-7972-7405-9	55,000 円	50,000 円
1283	實用行政法	佐々野章邦	978-4-7972-7406-6	50,600 円	46,000 円
1284	行政法汎論 全	小原新三	978-4-7972-7407-3	49,500 円	45,000 円
1285	行政法各論 全	小原新三	978-4-7972-7408-0	46,200 円	42,000 円
1286	帝國商法釋義〔第一分冊〕	栗本勇之助	978-4-7972-7409-7	77,000 円	70,000 円
1287	帝國商法釋義〔第二分冊〕	栗本勇之助	978-4-7972-7410-3	79,200 円	72,000 円
1288	改正日本商法講義	樋山廣業	978-4-7972-7412-7	94,600 円	86,000 円
1289	海損法	秋野沆	978-4-7972-7413-4	35,200 円	32,000 円
1290	舩舶論 全	赤松梅吉	978-4-7972-7414-1	38,500 円	35,000 円
1291	法理學 完	石原健三	978-4-7972-7415-8	49,500 円	45,000 円
1292	民約論 全	J・J・ルソー、市村光恵、森口繁治	978-4-7972-7416-5	44,000 円	40,000 円
1293	日本警察法汎論	小原新三	978-4-7972-7417-2	35,200 円	32,000 円
1294	衞生行政法釈釋義 全	小原新三	978-4-7972-7418-9	82,500 円	75,000 円
1295	訴訟法原理 完	平島及平	978-4-7972-7443-1	50,600 円	46,000 円
1296	民事手続規準	山内確三郎、高橋一郎	978-4-7972-7444-8	101,200 円	92,000 円
1297	國際私法 完	伊藤悌治	978-4-7972-7445-5	38,500 円	35,000 円
1298	新舊比照 刑事訴訟法釋義 上巻	樋山廣業	978-4-7972-7446-2	33,000 円	30,000 円
1299	新舊比照 刑事訴訟法釋義 下巻	樋山廣業	978-4-7972-7447-9	33,000 円	30,000 円
1300	刑事訴訟法原理 完	上條慎藏	978-4-7972-7449-3	52,800 円	48,000 円
1301	國際公法 完	石川錦一郎	978-4-7972-7450-9	47,300 円	43,000 円
1302	國際私法	中村太郎	978-4-7972-7451-6	38,500 円	35,000 円
1303	登記法公證人規則註釋 完・登記法公證人規則交涉令達註釋 完	元田肇、澁谷慥爾、渡邊覺二郎	978-4-7972-7452-3	33,000 円	30,000 円
1304	登記提要 上編	木下哲三郎、伊東忍、緩鹿實彰	978-4-7972-7453-0	50,600 円	46,000 円
1305	登記提要 下編	木下哲三郎、伊東忍、緩鹿實彰	978-4-7972-7454-7	38,500 円	35,000 円
1306	日本會計法要論 完・選擧原理 完	阪谷芳郎、亀井英三郎	978-4-7972-7456-1	52,800 円	48,000 円
1307	國法學 完・憲法原理 完・主權論 完	橋爪金三郎、谷口留三郎、高槻純之助	978-4-7972-7457-8	60,500 円	55,000 円
1308	圀家學	南弘	978-4-7972-7458-5	38,500 円	35,000 円

巻数	書　名	編・著・訳者　等	ISBN	定　価	本体価格
1225	獄制研究資料　第一輯	谷田三郎	978-4-7972-7343-4	44,000 円	40,000 円
1226	歐米感化法		978-4-7972-7344-1	44,000 円	40,000 円
1227	改正商法實用 完　附 商業登記申請手續〔第一分冊 總則・會社〕	清浦奎吾、波多野敬直、梅謙次郎、古川五郎	978-4-7972-7345-8	60,500 円	55,000 円
1228	改正商法實用 完　附 商業登記申請手續〔第二分冊 商行為・手形〕	清浦奎吾、波多野敬直、梅謙次郎、古川五郎	978-4-7972-7346-5	66,000 円	60,000 円
1229	改正商法實用 完　附 商業登記申請手續〔第三分冊 海商・附録〕	清浦奎吾、波多野敬直、梅謙次郎、古川五郎	978-4-7972-7347-2	88,000 円	80,000 円
1230	日本手形法論 完	岸本辰雄、井本常治、町井鐵之介、毛戸勝元	978-4-7972-7349-6	55,000 円	50,000 円
1231	日本英米比較憲法論	川手忠義	978-4-7972-7350-2	38,500 円	35,000 円
1232	比較國法學 全	末岡精一	978-4-7972-7351-9	88,000 円	80,000 円
1233	國家學要論 完	トーマス・ラレー、土岐僙	978-4-7972-7352-6	38,500 円	35,000 円
1234	税關及倉庫論	岸崎昌	978-4-7972-7353-3	38,500 円	35,000 円
1235	有價證券論	豊田多賀雄	978-4-7972-7354-0	60,500 円	55,000 円
1236	帝國憲法正解 全	建野郷三、水野正香	978-4-7972-7355-7	55,000 円	50,000 円
1237	權利競争論・權利争闘論	イエーリング、レーロア、宇都宮五郎、三村立人	978-4-7972-7356-4	55,000 円	50,000 円
1238	帝國憲政と道義　附 日本官吏任用論 全	大津淳一郎、野口勝一	978-4-7972-7357-1	77,000 円	70,000 円
1239	國體擁護日本憲政本論	寺内正毅、二宮熊次郎、加藤弘之、加藤房藏	978-4-7972-7358-8	44,000 円	40,000 円
1240	國體論史	清原貞雄	978-4-7972-7359-5	52,800 円	48,000 円
1241	商法實論 附 破産法 商法施行法 供託法 競賣法 完	秋山源藏、井上八重吉、中島行藏	978-4-7972-7360-1	77,000 円	70,000 円
1242	判例要旨定義學説試驗問題准條適條對照 改正商法及理由	塚﨑直義	978-4-7972-7361-8	44,000 円	40,000 円
1243	辯護三十年	塚﨑直義	978-4-7972-7362-5	38,500 円	35,000 円
1244	水野博士論集	水野錬太郎	978-4-7972-7363-2	58,300 円	53,000 円
1245	強制執行法論 上卷	遠藤武治	978-4-7972-7364-9	44,000 円	40,000 円
1246	公証人法論綱	長谷川平次郎	978-4-7972-7365-6	71,500 円	65,000 円
1247	改正大日本六法類編 行政法上卷〔第一分冊〕	磯部四郎、矢代操、島巨邦	978-4-7972-7366-3	55,000 円	50,000 円
1248	改正大日本六法類編 行政法上卷〔第二分冊〕	磯部四郎、矢代操、島巨邦	978-4-7972-7367-0	68,200 円	62,000 円
1249	改正大日本六法類編 行政法上卷〔第三分冊〕	磯部四郎、矢代操、島巨邦	978-4-7972-7368-7	55,000 円	50,000 円
1250	改正大日本六法類編 行政法下卷〔第一分冊〕	磯部四郎、矢代操、島巨邦	978-4-7972-7369-4	66,000 円	60,000 円
1251	改正大日本六法類編 行政法下卷〔第二分冊〕	磯部四郎、矢代操、島巨邦	978-4-7972-7370-0	57,200 円	52,000 円
1252	改正大日本六法類編 行政法下卷〔第三分冊〕	磯部四郎、矢代操、島巨邦	978-4-7972-7371-7	60,500 円	55,000 円
1253	改正大日本六法類編 民法・商法・訴訟法	磯部四郎、矢代操、島巨邦	978-4-7972-7372-4	93,500 円	85,000 円
1254	改正大日本六法類編 刑法・治罪法	磯部四郎、矢代操、島巨邦	978-4-7972-7373-1	71,500 円	65,000 円
1255	刑事訴訟法案理由書〔大正十一年〕	法曹會	978-4-7972-7375-5	44,000 円	40,000 円
1256	刑法及刑事訴訟法精義	磯部四郎、竹内房治、尾山萬次郎	978-4-7972-7376-2	91,300 円	83,000 円
1257	未成年犯罪者ノ處遇 完	小河滋次郎	978-4-7972-7377-9	33,000 円	30,000 円
1258	增訂普通選挙法釋義〔第一分冊〕	濱口雄幸、江木翼、三宅正太郎、石原雅二郎、坂千秋	978-4-7972-7378-6	55,000 円	50,000 円
1259	增訂普通選挙法釋義〔第二分冊〕	濱口雄幸、江木翼、三宅正太郎、石原雅二郎、坂千秋	978-4-7972-7379-3	60,500 円	55,000 円
1260	會計法要義 全	山崎位	978-4-7972-7381-6	55,000 円	50,000 円
1261	會計法語彙	大石興	978-4-7972-7382-3	68,200 円	62,000 円
1262	實用憲法	佐々野章邦	978-4-7972-7383-0	33,000 円	30,000 円
1263	訂正增補日本行政法講義	坂千秋	978-4-7972-7384-7	64,900 円	59,000 円
1264	增訂臺灣行政法論	大島久滿次、持地六三郎、佐々木忠藏、髙橋武一郎	978-4-7972-7385-4	55,000 円	50,000 円

別巻　巻数順一覧【1185 ～ 1224 巻】

巻数	書　名	編・著・訳者　等	ISBN	定　価	本体価格
1185	改正衆議院議員選擧法正解	柳川勝二、小中公毅、潮道佐	978-4-7972-7300-7	71,500 円	65,000 円
1186	大審院判決例大審院検事局司法省質疑回答衆議院議員選擧罰則　附 選擧訴訟、當選訴訟判決例	司法省刑事局	978-4-7972-7301-4	55,000 円	50,000 円
1187	最近選擧事犯判決集　附 衆議院議員選擧法、同法施行令選擧運動ノ爲ニスル文書圖畫ニ關スル件	日本撿察學會	978-4-7972-7302-1	35,200 円	32,000 円
1188	民法問答全集 完	松本慶次郎、村瀬甲子吉	978-4-7972-7303-8	77,000 円	70,000 円
1189	民法評釋 親族編相續編	近衛篤麿、富田鐵之助、山田喜之助、加藤弘之、神鞭知常、小林里平	978-4-7972-7304-5	39,600 円	36,000 円
1190	國際私法	福原鐐二郎、平岡定太郎	978-4-7972-7305-2	60,500 円	55,000 円
1191	共同海損法	甲野荘平、リチャード・ローンデス	978-4-7972-7306-9	77,000 円	70,000 円
1192	海上保険法	秋野沆	978-4-7972-7307-6	38,500 円	35,000 円
1193	運送法	菅原大太郎	978-4-7972-7308-3	39,600 円	36,000 円
1194	倉庫證券論	フォン・コスタネッキー、住友倉庫本店、草鹿丁卯次郎	978-4-7972-7309-0	38,500 円	35,000 円
1195	大日本海上法規	遠藤可一	978-4-7972-7310-6	55,000 円	50,000 円
1196	米國海上法要略 全	ジクゾン、秋山源蔵、北畠秀雄	978-4-7972-7311-3	38,500 円	35,000 円
1197	國際私法要論	アッセル、リヴィエー、入江良之	978-4-7972-7312-0	44,000 円	40,000 円
1198	國際私法論 上卷	跡部定次郎	978-4-7972-7313-7	66,000 円	60,000 円
1199	國法學要義 完	小原新三	978-4-7972-7314-4	38,500 円	35,000 円
1200	平民政治 上巻〔第一分冊〕	ゼームス・ブライス、人見一太郎	978-4-7972-7315-1	88,000 円	80,000 円
1201	平民政治 上巻〔第二分冊〕	ゼームス・ブライス、人見一太郎	978-4-7972-7316-8	79,200 円	72,000 円
1202	平民政治 下巻〔第一分冊〕	ゼームス・ブライス、人見一太郎	978-4-7972-7317-5	88,000 円	80,000 円
1203	平民政治 下巻〔第二分冊〕	ゼームス・ブライス、人見一太郎	978-4-7972-7318-2	88,000 円	80,000 円
1204	國法學	岸崎昌、中村孝	978-4-7972-7320-5	38,500 円	35,000 円
1205	朝鮮行政法要論 總論	永野清、田口春二郎	978-4-7972-7321-2	39,600 円	36,000 円
1206	朝鮮行政法要論 各論	永野清、田口春二郎	978-4-7972-7322-9	44,000 円	40,000 円
1207	註釋刑事記録	潮道佐	978-4-7972-7324-3	57,200 円	52,000 円
1208	刑事訴訟法陪審法刑事補償法先例大鑑	潮道佐	978-4-7972-7325-0	61,600 円	56,000 円
1209	法理學	丸山長渡	978-4-7972-7326-7	39,600 円	36,000 円
1210	法理學講義 全	江木衷、和田經重、奥山十平、宮城政明、粟生誠太郎	978-4-7972-7327-4	74,800 円	68,000 円
1211	司法省訓令回答類纂 全	日下部りゅう	978-4-7972-7328-1	88,000 円	80,000 円
1212	改正商法義解 完	遠藤武治、横塚泰助	978-4-7972-7329-8	88,000 円	80,000 円
1213	改正新會社法釋義　附 新舊對照條文	美濃部俊明	978-4-7972-7330-4	55,000 円	50,000 円
1214	改正商法釋義 完	日本法律學校内法政學會	978-4-7972-7331-1	77,000 円	70,000 円
1215	日本國際私法	佐々野章邦	978-4-7972-7332-8	33,000 円	30,000 円
1216	國際私法	遠藤登喜夫	978-4-7972-7333-5	44,000 円	40,000 円
1217	國際私法及國際刑法論	L・フォン・バール、宮田四八	978-4-7972-7334-2	50,600 円	46,000 円
1218	民法問答講義	吉野寛	978-4-7972-7335-9	88,000 円	80,000 円
1219	民法財産取得編人事編註釋　附法例及諸法律	柿嵜欽吾、山田正賢	978-4-7972-7336-6	44,000 円	40,000 円
1220	改正日本民法問答正解　総則編物権編債権編	柿嵜欽吾、山田正賢	978-4-7972-7337-3	44,000 円	40,000 円
1221	改正日本民法問答正解　親族編相續編　附民法施行法問答正解	柿嵜欽吾、山田正賢	978-4-7972-7338-0	44,000 円	40,000 円
1222	會計法釋義	北島兼弘、石渡傳藏、德山銓一郎	978-4-7972-7340-3	41,800 円	38,000 円
1223	會計法辯義	若槻禮次郎、市來乙彦、松本重威、稲葉敏	978-4-7972-7341-0	77,000 円	70,000 円
1224	相續税法義解	會禰荒助、若槻禮次郎、菅原通敬、稲葉敏	978-4-7972-7342-7	49,500 円	45,000 円